LEHRERFORTBILDUNG BERN

Musik
und
Bewegung

Tanz chuchi

Bewegung
und
Musik

Ein Zytglogge Werkbuch

VORWORT

Anlässlich der Ueberarbeitung der von der Zentralstelle für Lehrerfortbildung herausgegebenen Schriftenreihe "Schulmusik" für die Mittel- und Oberstufe zeigte sich das Bedürfnis, dem Thema "Musik und Bewegung" einen eigenen, dritten Band zu widmen. Die Fachgruppe Musik setzte sich deshalb mit den Kursleitern für Tanz in der Schule zusammen, und so entstand ein Team aus Tanzpädagogen, Musiklehrern und Turn- und Sportlehrern.

In vielen Freizeitstunden erarbeitete dieses Team ein ausgewogenes Konzept für den Tanz in der Schule, wählte aus jeder Sparte repräsentative, für die Schule geeignete Tänze aus, einigte sich auf eine einheitliche und verständliche Terminologie, schrieb, zeichnete und klebte an den Tanzbeschreibungen.

Das Resultat dieser Bemühungen ist die vorliegende Gemeinschaftsarbeit. Sie enthält nur Tänze und Tanzbeschreibungen, die bereits mehrfach mit Schulklassen oder Kindergruppen erprobt worden sind. Als Verfasser der einzelnen Kapitel zeichnen vor allem verantwortlich:

Elemente des Tanzes	Madeleine Mahler
Terminologie	Regula Leupold, Mario Neukomm, Martin Wey
Tanzbeschreibungen	Regula Leupold, Mario Neukomm, Martin Wey
Methodik	Regula Leupold
Kommunikationsspiele	Ernst Weber
Bewegungsbegleitung	Martin Wey
Melodienotation	Ernst Weber
Schriftleitung, Koordination	Ernst Weber
Fotos	Alexander Egger

Das Buch dient einerseits in der Lehrerfortbildung als Kursunterlage, und bietet anderseits den Lehrern eine Hilfe für die Gestaltung und Vorbereitung des Unterrichts.

Darüber hinaus richtet es sich an alle, denen die Vermittlung einer vielfältigen musischen Erziehung in der Schule und Freizeit ein Anliegen ist. Auch auf der Unterstufe und in Erwachsenengruppen kann das Buch hilfreich und anregend sein.

Wir danken allen, die an diesem Buch mitgearbeitet haben.

Der Herausgeber:

Zentralstelle für Lehrerfortbildung,
Erziehungsdirektion des Kantons Bern

6. Auflage 1992, 17. Tausend

Herausgeber: Zentralstelle für Lehrerfortbildung
Lerbermatt, 3098 Köniz

Gestaltung: Autorenteam Tanzchuchi
Druck: Allgäuer Zeitungsverlag GmbH Kempten
ISBN 3 7296 0129 6

Zytglogge Verlag Bern, Eigerweg 16, CH-3073 Gümligen
Zytglogge Verlag Bonn, Cäsariusstrasse 18, D-W-5300 Bonn 2
Zytglogge Verlag Wien, Strozzigasse 14-16, A-1080 Wien

INHALTSVERZEICHNIS

"Tanz ist unsere Mutterkunst." *Kurt Sachs*

"Bewegung ist das Urelement der Musik,
und alles Geschehen in der Musik
geht von der Bewegung aus." *Truslit*

"Man kann Musik und Körper so wenig von einander trennen,
wie man Leib und Seele als zwei verschiedene Substanzen
betrachten kann." *Hilker*

"Wer einen Unterschied zwischen Leib und Seele macht,
hat keins von beiden." *Oskar Wilde*

"Einheit von Wort, Ton und Gebärde." *Richard Wagner*

"Musik, Bewegung, Bild und Sprache sind
Felder gemeinsamen Handelns." *Gerda Zöller*

"Tanz ist schweigende Poesie, die Poesie
schweigender Tanz." *Simonides*

"Musik ist unsichtbarer Tanz, wie dieser
stumme Musik ist." *Jean Paul*

"Tanz und Bewegung sind also keinesfalls nur ein Mittel musikalischer Erziehung, mit dessen Hilfe musikalische Begriffe ganzheitlich erfahren werden können, sondern sie sollen über diese wichtige Aufgabe hinaus als selbständige, der Musik nahe verwandte Kommunikations- und Ausdrucksformen erlebt und verstanden werden, die sich gegenseitig motivieren."

Barbara Haselbach

"Die Heilkräfte, die von der Pflege der ästhetischen Funktion ausgehen,
können eine ungeahnte Erlebnissteigerung des Alltags sein." *Adolf Portmann*

"...dass der unverkümmerte Tanz schlechthin
gesteigertes Leben ist." *Kurt Sachs*

Die Ausdruckskraft des sich bewegenden menschlichen Körpers, die Raumgestaltung durch die Tänzer, ... der Rhythmus in sichtbare Bewegung umgesetzt ... und die stets fühlbare Leidenschaft im Hintergrund - all das gewann für mich philosophisch und religiös Bedeutung. Es war eine Begegnung mit der Wirklichkeit in ihren tieferen Schichten. .... war es der Tanz, der mein Verständnis von Religion tief beeinflusste.

Paul Tillich

"Ueber den Tanz sollte man eigentlich nicht sprechen,
sondern ihn für sich selbst sprechen lassen." *W.F. Otto*

1. ZIELE

1.1 Ist Tanzen notwendig für den Menschen?

Die Menschheitsgeschichte zeigt, dass das Tanzen schon immer zu den elementaren Lebensäusserungen gehörte:

> Tanzen scheint wie Spielen ein Urbedürfnis des Menschen zu sein - Tanz ist Ur-Sprache: Im Tanz lässt sich ausdrücken, was in Worten nicht fassbar ist - Tanz hat Symbolcharakter.

Der Tanz erfasst den ganzen Menschen:

> Körper, Verstand und - in ganz besonderem Masse das Gemüt - sind angesprochen.

Der Tanz lässt uns wichtige Beziehungen erfahren:

> zum Mitmenschen
> zu uns selbst
> zu Raum und Zeit

1.2 Ist Tanzerziehung nötig?

Wächst der junge Mensch in einer Tanztradition auf, so lernt er ganz natürlich, sich durch seinen Körper auszudrücken.

Diese Anregung fehlt heute fast überall, so dass vorhandene Bewegungslust und -begabung verkümmern. Jugendliche demonstrieren noch ihr Bemühen um eine eigene Körpersprache, aber meistens scheitern sie mangels Verständnis und Hilfe.

Es wäre die Aufgabe einer Tanzerziehung:

- Tanzgelegenheit zu bieten
- die Beziehungen zum Tanz als selbstverständliche "Gebrauchssprache" wieder herzustellen
- dem Kind dabei zu helfen, seine eigene Tanzsprache zu entwickeln und zu pflegen.

1.3 Gehört Tanzerziehung in die Schule?

- Jedes Kind kann erfasst werden
- Tanzen bietet einen Ausgleich zu den leistungsorientierten Fächern
- Der Lehrer hat Gelegenheit, den Schüler von einer andern Seite kennenzulernen.

Allgemeine erzieherische Anliegen können durch das Tanzen besonders gut gefördert werden:

- Persönlichkeits- und Gemeinschaftserziehung
- Spontaneität und Kreativität
- Sensibilisierung für kulturelle Werte.

Musikerziehung wie Bewegungserziehung werden durch Tanzen nicht nur verbunden, sondern auf eine schöne Art bereichert.

2. ELEMENTE DES TANZES, gezeigt am kreativen Tanz

Kreativer Tanz, oder seiner Herkunft aus USA gemäss "creative dance" genannt, hat das Hauptgewicht auf dem individuellen Bewegungsexperiment jedes einzelnen, sei er Laie oder Berufstänzer. Er lebt nicht von fixierten Bewegungsabläufen, sondern sein Ziel besteht darin:

1. Seinen eigenen Körper als Instrument des Tanzes zu entdecken und wahrzunehmen,

2. Mit diesem Instrument zu spielen und sich damit auszudrücken,

3. Mit den eigenen Bewegungen sich dem Partner mitzuteilen, sich mit einer Gruppe durch Bewegung auseinanderzusetzen und dabei sich verstanden zu fühlen, sich akzeptiert zu wissen.

Mit dem Kreativen Tanz bieten wir den Kindern als Ausgleich zum Leistungsanspruch der Schule eine Möglichkeit für sinnvolles, den ganzen Menschen (Kopf, Herz und Hand) umfassendes Arbeiten.

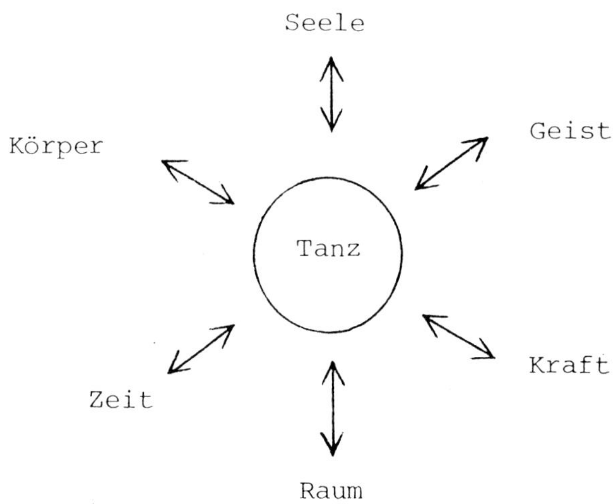

"Zu wünschen wäre, dass gerade der Tanz mit seinem Grundverlangen nach persönlicher Wesensäusserung für Lehrer und Schüler ein grosses Mass an Freiheit beibehält und nicht wie die sportlichen Leistungsfächer in ein minutiöses System von abprüfbaren Faktoren gelangt."

Annelies Schmolke und Wolfgang Tiedt:
Rhytmik/Tanz in der Primarstufe
Möseler Verlag 1978

2.1 Das Instrument: Der Körper

Dieses Instrument besteht aus vielen Teilen, die sich die Schüler auf spielerische Art bewusst machen und beim Tanzen einsetzen.

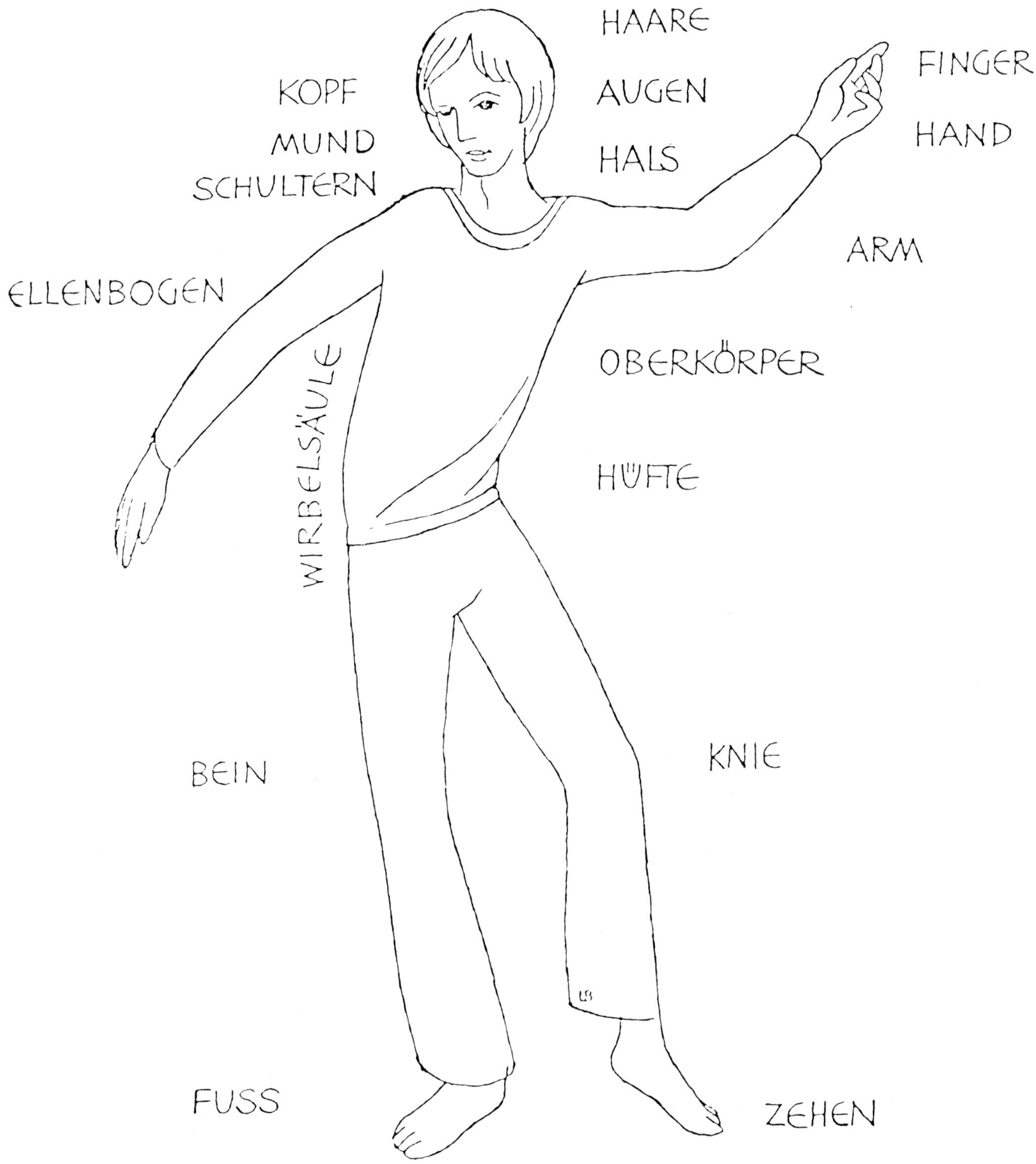

Mit dem ganzen Körper, einzelnen Teilen, oder mit verschiedenen Teilen zusammen, können wir die vielfältigsten Bewegungsarten und Bewegungsqualitäten ausführen.

2.1.1 Bewegungen der einzelnen Körperteile

Kopf:	Nicken, drehen, kreisen, schütteln, usw.
Gesicht:	Augenbrauen, Wangen, Mund bewegen, mit den Augen zwinkern, Grimassen schneiden, usw.
Schultern:	Rollen, auf- und ab bewegen, ein- und ausdrehen, vor- und rückwärts bewegen, schütteln, usw.
Arme:	Strecken, biegen, ein- und ausdrehen, schlenkern, nur den Unterarm bewegen, usw.
Hände:	Faust machen, Finger spreizen, Hand öffnen - schliessen, Finger ineinanderweben, die Hand schütteln, drehen, kreisen, usw.
Wirbelsäule:	Nach allen Richtungen beugen, strecken, drehen, verwinden, usw.
Oberkörper:	Kreisen, beugen, seitwärts schieben, drehen, usw.
Becken:	Seitwärts, vorwärts, rückwärts bewegen, kreisen, schieben, usw.
Beine:	Schwingen, strecken, heben, senken, beugen, usw.
Füsse:	Strecken, beugen, Zehen spreizen, usw.

2.1.2 Bewegungsarten

Elementare Bewegungsarten nennen wir Bewegungen, die noch nicht bewusst durch Zeit/Raum/Kraft (ZRK, siehe Kap. 3) geformt sind.

a) Fortbewegung: (Fb)

Gehen, laufen, springen, hüpfen.

Durch ZRK beeinflusst:
Schleichen, rollen, galoppieren, kriechen, hinken, usw.

b) Bewegung an Ort: (a.O.)

Statisch: eckig, rund, gestreckt, symmetrisch, asymmetrisch, usw.

Dynamisch: Strecken, beugen, drehen, kreisen, verwinden, zusammenfallen, schwingen, schütteln, wiegen, usw.

2.1.3 Uebungsbeispiele

- Die Schüler liegen entspannt auf dem Rücken. Der Lehrer ruft einen Körperteil auf, den die Schüler frei bewegen, z.B.: rechte Hand, Zehen, Kopf, Gesicht, usw.

- An Ort zeichnen die Schüler verschiedene Muster in die Luft, mit der Hand, mit dem Ellenbogen, mit den Füssen, usw.

- Die Schüler versuchen das Gewicht von einem Körperteil auf einen andern zu verlagern, indem sie z.B. zuerst stehen, dann sich setzen, zur Seite drehen, knien, usw.

- Partnerübung: A steht in irgendeiner Stellung vor B, der ihn durch Bewegen der einzelnen Körperteile umfort, auch im Sitzen oder Liegen.

- Im Kreis: Etwa 5 Schüler, der erste beginnt mit einer kurzen Bewegung, die mit Berühren des neben ihm Stehenden endet. Der zweite Schüler beginnt seine Bewegung mit dem berührten Körperteil, er führt sie weiter zum dritten Schüler, usw.

- Sich frei bewegen an Ort, wobei immer ein anderer Körperteil eine neue Bewegung einleitet.

- Im Stehen, Sitzen oder Liegen immer zwei andere Körperteile zusammenführen, z.B. Knie zum Ellenbogen, Hand zum Unterschenkel auf verschiedenen Wegen.

- Gleichgewicht: Welche Körperteile müssen am Boden bleiben, damit das Gleichgewicht gehalten werden kann?

- Laufen durch den Raum, auf ein akustisches Zeichen anhalten:
  a. Während des Stillestehens nur einen bestimmten Körperteil bewegen,
  b. Drehen an Ort. Ein bestimmter Körperteil gibt die neue Laufrichtung an.

- Laufen durch den Raum, während einer bestimmten Zeit aktiv einen Körperteil mitbewegen, wieder freies Laufen.

- Seinen eigenen Anfangsbuchstaben durch Laufen auf den Boden zeichnen, dabei immer mit verschiedenen Fortbewegungsarten abwechseln.

- Jeder Schüler sucht verschiedene Fortbewegungsarten. In Gruppen werden jeweils zwei Bewegungen festgehalten und wiederholt. Die gefundenen Bewegungen werden verändert:
  z.B. mit einer Armbewegung, mit einer Drehung, usw.

- Jeder Schüler merkt sich zwei auseinanderliegende Punkte im Raum, die er wiederholt durch verschiedene Fortbewegungsarten verbindet.

- Partnerübung: A zeigt B eine eigene Fortbewegungsart, die B sofort nachahmt.

- Die Schüler zeichnen mit irgendeiner Fortbewegungsart verschiedene Muster auf den Boden. Ein auf den Boden geworfenes Seil kann ihnen zu Beginn eine Hilfe sein, oder sie folgen Linien oder Mustern, die auf dem Boden sichtbar sind. Später können sie eigene Muster laufen.

- Die Schüler stellen Formen und Gestalten mit ihrem Körper dar. (Schmal wie ein Pfeil, rund wie ein Ball, gewunden wie ein Korkenzieher, usw.)

- Figurenwerfen: Partnerübung: A "wirft" B (in eine bestimmte Stellung), der in dieser Stellung stehen bleibt, bis ihn A von neuem wirft.

- Frei durch den Raum laufen oder hüpfen, auf ein akustisches Zeichen sofort stille stehen und die Bewegung "einfrieren".

- Die Schüler lernen eine kurze Bewegungsfolge auf 8 Pulsschläge oder 2 4/4 Takte. Jeder erweitert diese durch eine eigene, gleich lange Bewegungsfolge.

- Wechsel von runden und eckigen Körperformen an Ort, langsam - schnell. Zuerst übt jeder für sich alleine, dann in Gruppen, wobei die einen von rund zu eckig wechseln, die andern von eckig zu rund.

- Aus verschiedenen Stellungen aufstehen und sich strecken und wieder fallen lassen.

- Mit musikalischer Begleitung durch den Raum gehen und auf ein Zeichen eine bestimmte Bewegungsart an Ort ausführen (z.B. beugen, verwinden, usw.).

2.1.4 Gestaltungsbeispiel

Die einfach gegliederten Songs der Beatles oder anderer Gruppen eignen sich gut als Gestaltungsbeispiele. Die Musik ist auch für die Schüler ansprechend.

So sieht z.B. die musikalische Gliederung von "Octopus's Garden", Beatles, Abbey Road, C 062-04 243) folgendermassen aus:

Vorspiel AABA' AABA' A'A' AABA' Schluss

Ein Formteil (z.B.: A) besteht aus 4 Takten zu 4 ♩

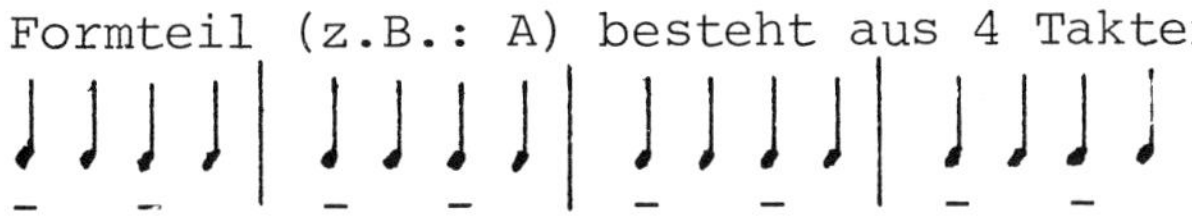

1 2 3 4 5 6 7 8 dazu zählen wir auf 8.

Der Musik entsprechend wählen wir Bewegungsabläufe von 8 Zählzeiten; z.B.:

Musik		Bewegungsart	Choreographie
Vorspiel		frei	Gruppen bilden
AA BA'	a.O. Fb	Wellenartige Bewegungen (Wasser)	z.B. ganze Gruppe frei durch den Raum
AA BA'	a.O. Fb	Drehbewegungen (Fische etc.)	kleine Gruppen laufen zu 2er-Gruppen
A'A'	a.O. Fb	Improvisation (OCTOPUS)	2er Gruppen Rücken/Rücken
AA BA'	a.O. Fb	Beugen-strecken (Pflanzen)	im Kreis
Schluss		freies Hüpfen, Laufen	frei

2.2 Zeit-Raum-Kraft ((ZRK)

Jede Bewegung wird durch die Faktoren (ZRK) beeinflusst und kann durch diese verändert werden. Das folgende Beispiel soll helfen, die Begriffe zu verstehen, und damit die Bewegungsmöglichkeiten zu erweitern.

Beispiel: Der rechte Arm beschreibt einen Kreis

Zeit: In welchem Tempo?
Langsam, schnell, verlangsamend, beschleunigend

Vorstellungshilfen: Wie eine Schnecke, wie ein Propeller.

Durch Bewegung gestaltete Zeit führt zu Rhythmus.

Raum: Wo?
Vor dem Körper, neben dem Körper, horizontal, vertikal, kleiner Kreis, grosser Kreis, am Boden über dem Kopf.

Vorstellungshilfen: Eine Kugel um sich herum mit vielen grossen und kleinen Kreisen ausmalen.

Durch Bewegung gestalteter Raum führt zu Choreographie.

Kraft: Wie?
Leicht, beschwingt, gegen die Schwerkraft, gegen die Haltekraft, gespannt, gelöst.

Vorstellungshilfen: Drücken, stossen, schieben, ein Stück Papier aufheben.

Durch Bewegung gestaltete Kraft führt zu Dynamik.

2.2.1 Uebungsbeispiele

- Der Lehrer oder ein Schüler gibt auf einem Schlaginstrument das Zeitmass (langsam-schnell) an, wonach sich die Klasse im Raum bewegt.

- Eine einfache Schrittfolge wird zuerst im 4/4 Takt ausgeführt. Mit musikalischer Begleitung versuchen die Schüler diese Schrittfolge an die neue Taktart (5/4, 7/8) anzupassen.

- Jeder geht für sich verschiedene Wege durch den Raum: Kreise, Spiralen, Rechtecke.

- Partnerübung: A führt eine Bewegung klein aus, B dieselbe gross.

- Die Schüler bewegen sich auf drei verschiedenen Ebenen, wechseln von einer Ebene zur andern (Zehengang, Kauergang, rollen, usw.).

- Die Schüler gehen mit "schweren" Schritten, sie bleiben beinahe am Boden "kleben", und wechseln ab mit leichten, hüpfenden Schritten.

- Eine einfache Schrittfolge, z.B.: Schritt/Schritt/Wechselschritt, führen die Schüler zuerst "schwer", dann "leicht" aus. Sie suchen selber verschiedene Lösungen. (Z.B.: Stampfer/Stampfer/Ausfallschritt; Hüpfer/Hüpfer/Drehung, usw..)

- Eine Gruppe von Schülern trägt einen Mitschüler auf irgendeine ungewöhnliche Art durch den Raum.

- Partnerübung: A bewegt und formt B, B leistet grossen oder kleinen Widerstand.

- Partnerübung: Sitz, Rücken gegen Rücken, Arme in der Hochhalte.
  A ist aktiv und bewegt B durch ziehen, drehen, drücken, B nimmt die Impulse auf, gegengleich.

- Einen Achterkreis mit den Armen in verschiedenen Grössen, Tempi und in verschiedener Dynamik ausführen.

- 2 Punkte im Raum um sich vorstellen. Diese immer wieder durch eine andere Bewegung verbinden. Langsam, schnell, kraftvoll oder leicht, usw.

- Die Schüler stehen im Kreis, ein Mitschüler geht auf gewöhnliche Art im Kreis herum. Die übrigen beobachten ihn und nennen Eigenheiten seines Ganges. Auf Zuruf muss der Gehende diese Eigenheiten verstärken, z.B.: Du schlenkerst deinen rechten Arm. Der Gehende beginnt den rechten Arm übertrieben, schneller, mit grösseren Bewegungen hin und her zu schwingen.

- Echoübung: Ein Schüler führt spontan eine kurze Bewegungsfolge aus, die sein Partner oder die ganze Gruppe wiederholt, während der erste Schüler stille steht, usw.

- Kanon: In einem bestimmten Zeitmass beginnt ein Schüler mit einer einfachen Bewegungsfolge, sein Partner oder die Gruppe wiederholen dieselbe Bewegungsfolge, setzen aber später ein.

2.2.2 Gestaltungsbeispiel

Die Schüler lernen eine einfache Schrittfolge auf 2 x 8 Zählzeiten.

Schritt rechts vorwärts	1	
Tupf seitwärts links mit linkem Fuss	2	
Wechselschritt vorwärts (links, rechts, links)	3,4	
Wiederholen	5-8	
		= 16 Zählzeiten
Sprung hoch mit beiden Füssen	1	
tief mit Armkreisen	2,3	
in beide Hände klatschen	4	
4 Schritte rückwärts, rechts beginnen	5-8	

Gruppen von etwa 3 Schülern verändern diese Folge auf zwei Arten: Der Lehrer teilt ihnen jeweils zwei Aufgaben aus der folgenden Auswahl zu:

Eng, weit, gross, klein, hoch, tief,
schräg, verdreht, schnell, langsam,
kräftig, leicht, gebeugt, seitwärts,
drehen, rückwärts.

Die veränderten Formen können z.B. zu einem Blues folgendermassen gestaltet werden:

Im 1. Teil führen die Schüler immer die Grundform der Schrittfolge aus (16 Zz),

im 2. Teil die erste Variante (16 Zz),

im 3. Teil die zweite Variante (16 Zz).

Beispiel eines älteren Blues-Themas: Westend - Blues

1. Teil I——I——I——I——

2. Teil IV——IV——I——I——

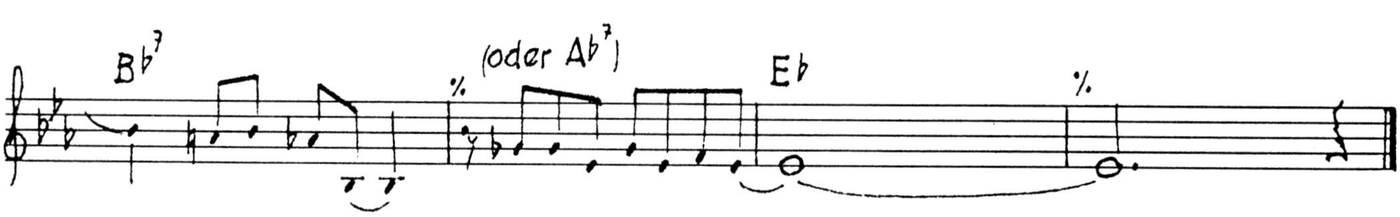

3. Teil V——V——I——I——

(oft auch IV)

3. BEWEGUNGSQUALITAETEN

Der unterschiedliche Einfluss von Zeit/Raum/Kraft bestimmt die Bewegungsqualität. Von Ruhe bis zum stärksten, kräftigsten Bewegungsausdruck gibt es fliessende Uebergänge von einer Bewegungsqualität zur andern.

1. Gleichmässig fliessende Bewegung (sustained) "legato"

Diese Bewegung wird gehalten durchgeführt, ohne sichtbaren Einfluss äusserer Kräfte.

Vorstellungshilfe: Einen Raum gleichmässig ausmalen.

Symbol: ___________

2. Schwingende Bewegung (swinging)

Ein Schwung wird durch einen Impuls eingeleitet. Er kann in jeder Ebene ausgeführt werden, wobei in der Senkrechten vor allem der Einfluss der Schwerkraft, in der Horizontalen die Dreh- und Haltekraft zum Ausdruck kommen.

Vorstellungshilfe: Etwas wegwerfen, wegschaufeln

Symbol: 

3. Schlagartige Bewegung (percussive) "staccato"

Dies sind kurzdauernde Bewegungen, durch kräftigen Impuls ausgelöst und durch einen Gegenimpuls abrupt angehalten.

Vorstellungshilfe: Schlagen, hämmern, tupfen

Symbol: 

4. Vibrierende Bewegung (vibratory)

Durch schnelle Wiederholung schlagartiger Bewegungen mit kleiner Amplitude entstehen vibrierende Bewegungen.

Vorstellungshilfe: Zittern, schütteln, schlottern

Symbol: 

3.1 Uebungsbeispiele

- Partnerübung: Ein Schüler hält ein Tuch und bewegt es auf ganz verschiedene Arten. Sein Mitschüler versucht, die Bewegungen des Tuches mit seinem Körper wiederzugeben.

- Mit der Vorstellungshilfe, die Zahl 6 in die Luft zu malen, üben die Schüler die ersten 2 Bewegungsqualitäten (schwingend, gleichmässig geführt), mit der Zahl 4 üben sie die 3. und 4. Qualität (schlagartig und vibrierend).

- Der Lehrer oder ein Mitschüler bringen mit der Schellentrommel (später Stimme und Klanggesten) verschiedene Geräusche hervor, die die übrigen Schüler zu Bewegungen in den 4 Bewegungsqualitäten anregen.

- Der Raum wird in 4 Rechtecke unterteilt. Jeder kann frei von einem Rechteck zum andern wechseln. In jedem Rechteck muss eine bestimmte Bewegungsqualität ausgeführt werden.

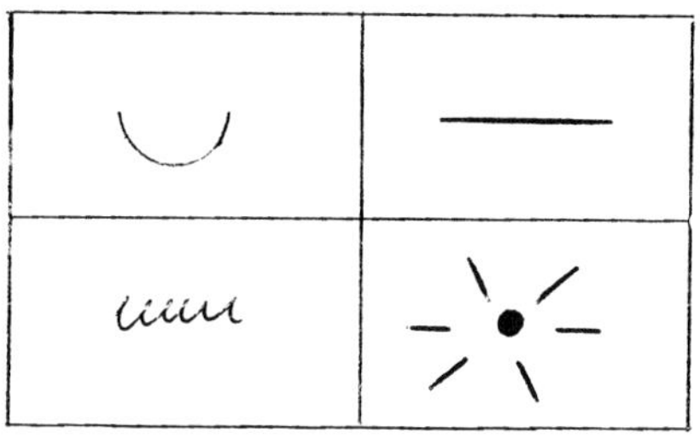

- Partnerübung: A macht eine Bewegung vor, B folgt im Spiegelbild.

- Partnerübung: A macht eine Bewegung vor, B antwortet durch eine gegensätzliche Bewegung. (Z.B. A führt Schwünge aus, B antwortet mit schlagartigen Bewegungen.)

- Maschine bauen. Gruppen von 5 - 7 Schülern. Jeder sucht für sich eine Bewegungsqualität, die er auf einen Grundrhythmus abstimmt. Die Gruppe stimmt die Bewegungen der Einzelnen aufeinander ab.

- Symbolzeichnung durch Lehrer oder einen Schüler

  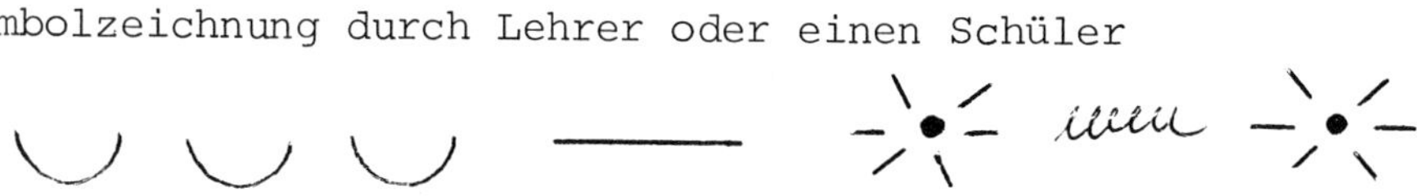

  Interpretation einzeln oder in kleinen Gruppen (auch Tutti-Solo).

- Partnerübung: A tanzt eine kurze Folge, B versucht sie durch symbolhafte Zeichnung festzuhalten.

3.2 Gestaltungsbeispiel

Solche Symbole eignen sich auch zur Notation von differenzierterer Musik.

Z.B.: 1. Burlesque von Bela Bartók

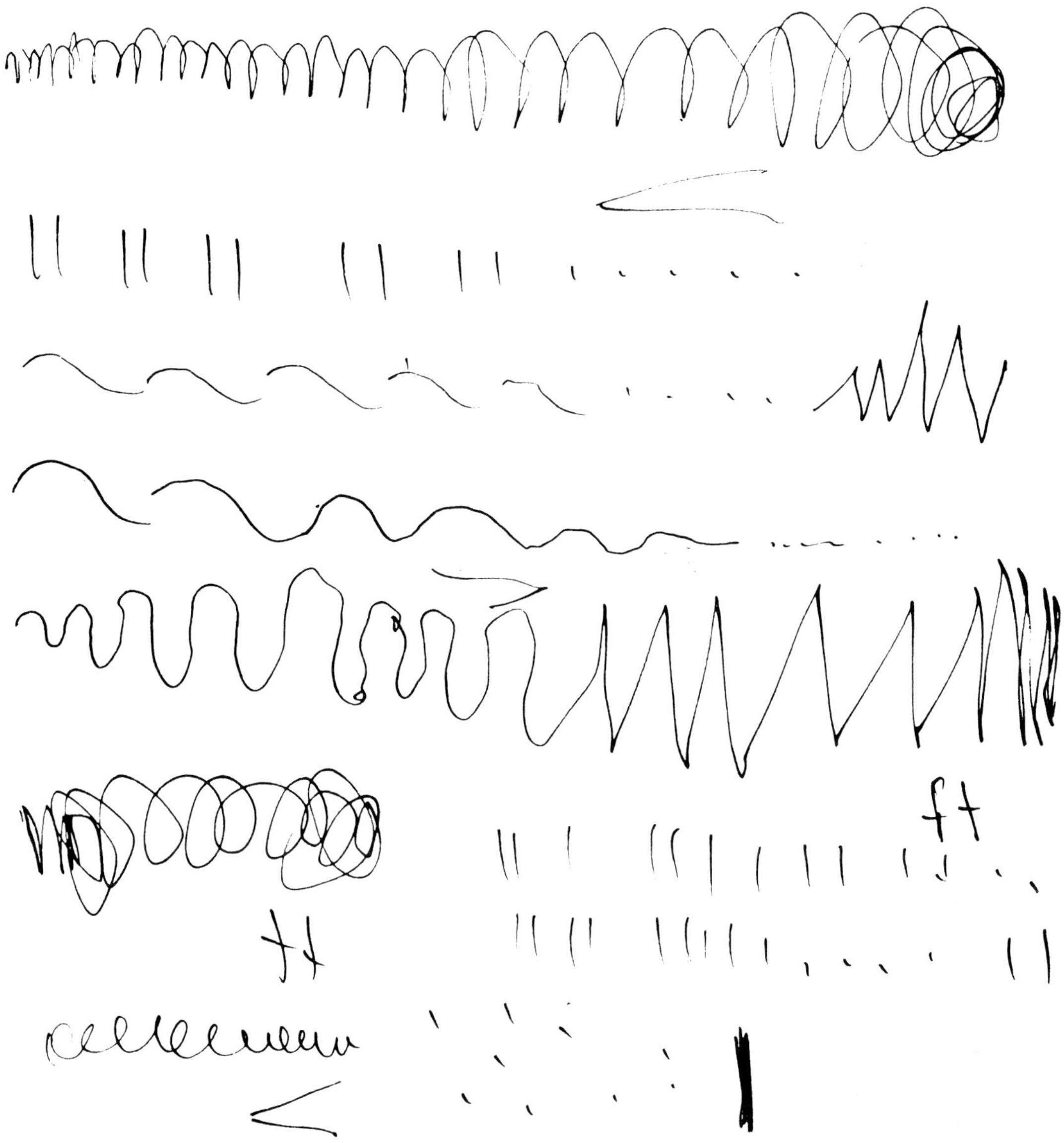

Gruppen von etwa 5 Schülern überlegen sich anhand der entstandenen Zeichnung, welche Bewegungsqualität sie zu dieser Musik ausführen wollen. Fotografien von Tanzgruppen oder andere Gruppenbilder können eine Hilfe sein, die Choreographie zu gestalten.

3.2.1 Themenkreis: Aeussere Welt, Alltagsbewegungen

Anstelle einer gegebenen Bewegungsfolge (siehe Seite 9) nehmen wir als Grundmotiv eine Bewegung aus dem Alltag. Es fällt den Schülern leicht, mit solchen Bewegungsanregungen zu arbeiten, mit Hilfe von ZRK führen wir sie dann von einer gemimten Bewegung zu einer tänzerischen Bewegung.

Zuerst mimen die Schüler Alltagsbewegungen, dann werden mit musikalischer Begleitung (Tonband oder Schlaginstrumente) einzelne Bewegungsabschnitte rhythmisiert:

z.B.: Eine Dusche nehmen
- Gesten und Gebärden (lange Nase, an die Stirn greifen, usw.)
- Bewegungen eines Verkehrspolizisten
- Schreibmaschinenschreiben
- Wäsche waschen, kochen, bügeln
- Autoreif wechseln
- Malen, schreiben
- Spiele, Volleyball, Basketball, usw.
- Gartenarbeit
- usw.

Gestaltungsbeispiel: Alltagsbewegung - Strassenverkehr

z.B.: "Baby you can drive my car", Rubber soul, Beatles 3C064-04115

Nachdem wir die Musik ausgezählt haben, für je 8 Zählzeiten oder 2 4/4 Takte, notieren wir einen Strich.

Takte	Bewegungsart	Gruppe	Choreographie
Vorspiel: I I			
I I I I	z.B.: Polizist	1. Gruppe	
I I I I	Refrain: Fb od. Jazz	alle zusammen	
I I I I	z.B.: Autofahrer	2. Gruppe	
I I I I	Refrain: wie oben	alle zusammen	
I I I I	z.B.: schimpfen	3. Gruppe	
I I I I	Refrain: wie oben	alle zusammen	
I I I I	z.B.: velofahren	4. Gruppe	
I I I I	Refrain: wie oben	alle zusammen	
I I I I	Schluss	auseinandergehen	

3.2.2 Themenkreis: Objekte als Bewegungsinspiration

Gegenstände aus der Spieltruhe, aus dem Haushalt, aus der Werkzeugkiste, formbare Dinge wie Tücher, Bänder, Seile usw. regen Schüler leicht zu Bewegungen an. Die Gegenstände geben den Impuls zu mannigfaltigen Bewegungsmöglichkeiten. Beim Arbeiten mit Gegenständen ist folgende Stufenleiter ratsam:

1. Die Form des Gegenstandes mit dem Körper übernehmen

2. Sich spielerisch mit dem Gegenstand bewegen

3. Partnerübung: A bewegt den Gegenstand, B übernimmt die Bewegung

4. Partnerübung: A überreicht den Gegenstand B und bleibt in der Uebergabestellung stehen, bis er den Gegenstand von B wieder erhält.

5. Wie bei 4, aber ohne Gegenstand, nur die Bewegungen nachvollziehen.

6. Die Aussage oder Anwendung des Gegenstandes durch eine Bewegung interpretieren.

Folgende Gegenstände eignen sich zur Bewegungsinspiration:

Formbares Material: Zeitungspapier, Tücher, Bänder, Seile, Lehm, Draht, Plastiksäcke

Festes Material: Bälle, Stäbe, Ballone, Stühle, ...

Haushalt: Schere, Schwamm, Knoblauchpresse, Pinsel, Klappmeter, Zapfenzieher, usw.

Uebungsbeispiele:

- Die Schüler laufen frei durch den Raum. Verschiedene Gegenstände liegen auf dem Boden, deren Form die Schüler jeweils übernehmen.

- Die Gegenstände liegen in einer Reihenfolge auf dem Boden. Jeder Schüler geht von einem Gegenstand zum andern und ändert seine Bewegungen, den Gegenständen folgend.

- Jeder Schüler wählt sich drei Gegenstände aus, ihnen entsprechend erarbeitet er eine kurze Bewegungsfolge.

- Der Raum wird in Rechtecke unterteilt. In jedem Feld liegt ein Gegenstand. Die Schüler wechseln frei von Feld zu Feld und bewegen sich spielerisch dem Gegenstand entsprechend.

Gestaltungsbeispiele: Objekte - Stühle

Die Schüler werden aufgefordert, auf irgendeine Weise auf den Stuhl zu sitzen, mit Kontakt daneben zu liegen oder den Stuhl zu halten usw.

2 Schüler zeigen sich gegenseitig ihre ausgewählte Form und verbinden sie, z.B.: Auf 8 Zählzeiten von der Position von A zur Position von B wechseln und wieder auf 8 Zählzeiten zur Position von A wechseln. Nach einer Weile arbeiten 4 Schüler zusammen, so dass sich eine Form von 4 x 8 Zählzeiten ergibt (B-Teile).

Die ganze Klasse erlernt eine gemeinsame Bewegungsfolge (A-Teil), auf 4 x 8 Zählzeiten, z.B.:

Mit 8 Schritten um den Stuhl laufen	1-8
Rückenlage auf dem Stuhl, 8 x Beine scheren	1-8
Sitz auf dem Stuhl, auf 8 Zeiten Beine heben und senken	1-8
auf 8 Zeiten langsam zu einer bequemen Stellung gehen	1-8

Aus diesen Elementen können wir schnell ein Bewegungsrondo zu Musik erarbeiten, z.B.:

Teil A :	4 x 8 Zählzeiten
Teil B 1:	4 x 8 Zählzeiten
Teil A :	4 x 8 Zählzeiten
Teil B 2:	4 x 8 Zählzeiten
Teil A :	4 x 8 Zählzeiten
"	"
"	"
"	"
Teil A :	4 x 8 Zählzeiten

Foto Renate Meier

4. TRADIERTE FORMEN

4.1 UEBERSICHT ZUR ENTWICKLUNG DES TANZES IM EUROPAEISCHEN RAUM

VORGESCHICHTE DES TANZES: ETHNISCHE TAENZE ("PRIMITIVTAENZE", KULTISCHE HANDLUNGEN)

MITTELALTER: ENTWICKLUNG DES STÄNDISCH GEBUNDENEN TANZES:

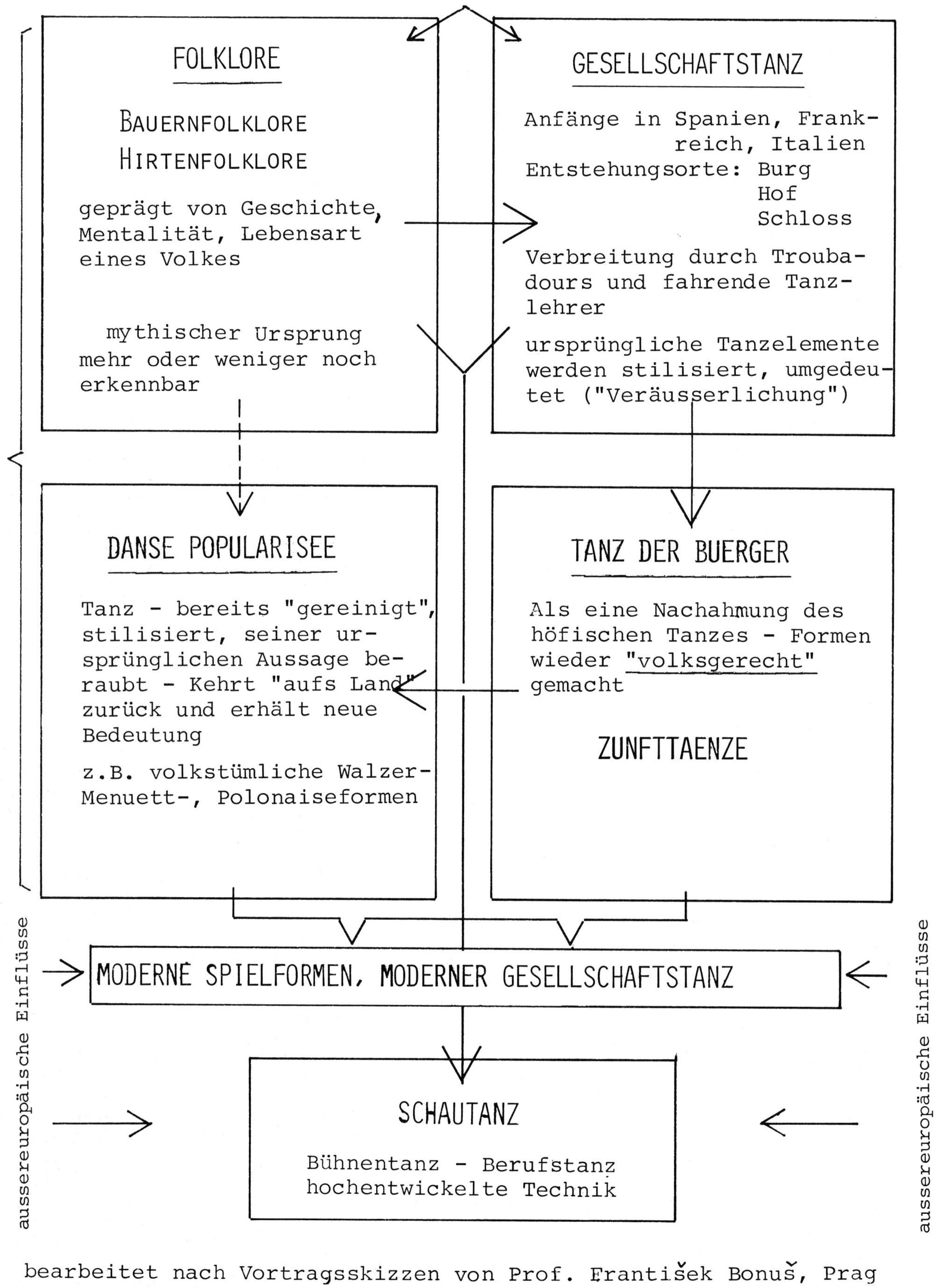

bearbeitet nach Vortragsskizzen von Prof. František Bonuš, Prag

4.2 Tanzterminologie

4.2.1 Vorbemerkungen

Leider benützt fast jeder Verfasser von Tanzbeschreibungen und jeder Plattenverleger eine andere Terminologie. Um das Durcheinander nicht noch grösser werden zu lassen, stützen wir uns auf das von Annelis Aenis-Bitterli verfasste Kapitel "Tanz" im Leiterhandbuch "Jugend und Sport" und auf die 1972 von der Schweizerischen Trachtenvereinigung herausgegebene Schrift "Grundschritte, Aufstellung, Tanzfassungen".

Dabei beschränken wir uns auf die Beschreibung jener Bewegungselemente und -abläufe, die im Schultanz häufig vorkommen. Besondere Kombinationen sind jeweils im entsprechenden Tanzbeispiel erklärt.

4.2.2 Signete/Zeichen

Begriff: — **Definition:**

Tanzrichtung:

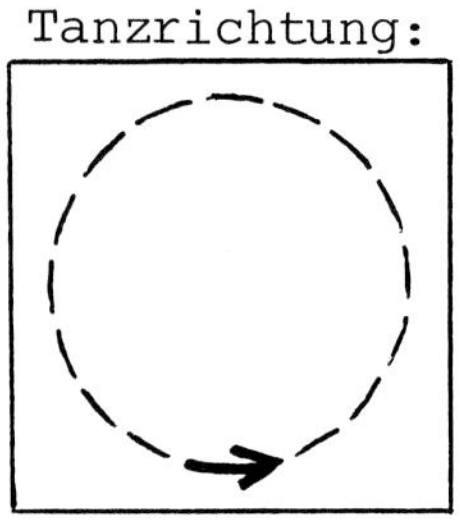

Sie entspricht der Richtung des Umzuges der Tanzenden im Raum ("de Wände na") und zwar gegen den Uhrzeigersinn (Vgl. auch 4.2.8 Anmerkungen)

Tänzer: Front Λ

Tänzerin: Front ∩

Für die Angabe der Aufstellung werden diese beiden Zeichen verwendet. Sie zeigen die Frontstellung und auch die Aufstellung im Raum

Aufstellung:

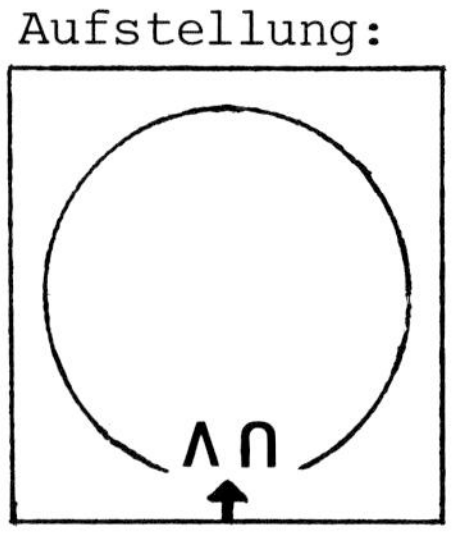

Für die neben dem Text der Tanzbeschreibung angegebene Aufstellung (Signete/Zeichen) ist die Blickrichtung des Betrachters (Lesers der Tanzbeschreibung) von unten nach oben angenommen und stellt das zunächst stehende Paar, oder die Person dar

Richtungspfeil:

Er zeigt die Richtung der Bewegung und bezieht sich auf die durch die Signete/Zeichen gegebene Aufstellung im Raum

nach rechts (in Tanzrichtung) →

nach links (gegen Tanzrichtung) ←

zur Mitte (des Raumes) ↑

nach "aussen" (zum Betrachter) ↓

diagonal ("schräg") ↗ ↖ ↘ ↙

Drehpfeil:

Er bezeichnet die Wendung und Drehung an Ort: Für miteinander gefasste und sich bewegende Tänzer gilt als Drehachse die gemeinsame Mitte

Rechtsdrehung ↻

Linksdrehung ↺

Hilfspfeil: 

Für komplizierte Bewegungswege

▶ Hinweis innerhalb der Dokumentation

● Methodischer Hinweis

4.2.3 Aufstellungen

Linie

Frontkreis

Flankenkreis

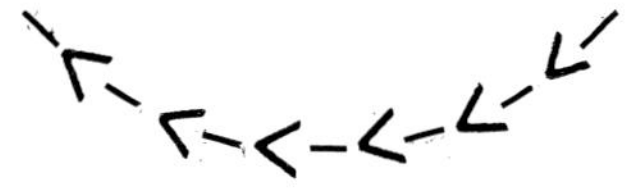

Im Paar:

Paare im Frontkreis
Partner nebeneinander

Paare im Flankenkreis links
Partner nebeneinander
(=Gewöhnliche Tanzaufstellung)

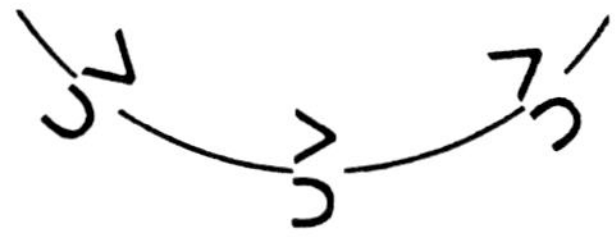

Paare im Kreis
Partner voreinander
Tänzer Rücken zur Mitte

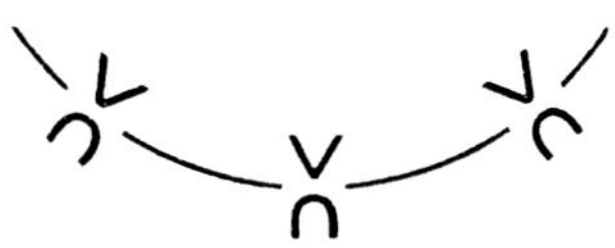

Paare im Flankenkreis
Partner voreinander
Tänzer Blick in Tanzrichtung

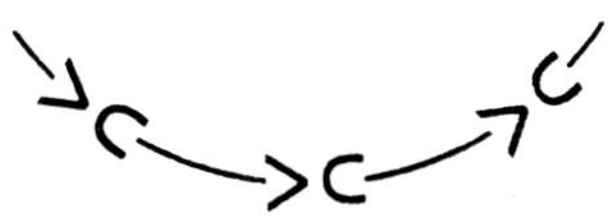

Im Viereck
Paare Front zur Mitte
In der Mitte jeder Seite ein Paar
Partner nebeneinander

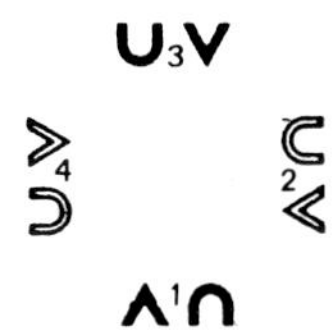

4.2.4 Fassungen

Für Kreis- und Linientänze:

V - Position	Armen nach unten gestreckt, Hände gefasst	
W - Position	Arme angewinkelt, Hände gefasst	
T - Position	Arme seitwärts gestreckt, Hände auf näherer Schulter des Nachbarn	

Im Paar:

Offene Fassung	> ⊃	Innere Hände sind gefasst	
Zweihandfassung	V ∩	meist Partner voreinander, Hände können auch übers Kreuz gefasst werden	
Kreuzfassung	> ⊃	Partner nebeneinander (wenn nichts anderes vermerkt, Tänzer rechter Arm unten)	
Hüft-Schulterfassung	> ⊃	Tänzer rechte Hand auf rechte Hüfte der Tänzerin, Tänzerin linke Hand auf rechter Schulter des Tänzers	
Gewöhnliche Fassung	V ∩	Tänzer rechte Hand auf Rücken der Tänzerin, Tänzerin linke Hand auf rechter Schulter des Tänzers, freie Hände auf Schulterhöhe gefasst	
Geschlossene Fassung	V ∩	Tänzer Hände auf den Rücken der Tänzerin, Tänzerin Hände auf Schultern des Tänzers	

Fassungen für "Swing": ∩V

- meist gewöhnliche Fassung	Siehe oben	
- Israeli-Swing-Fassung:	Rechte Hände auf linker Hüfte des Partners, linke Arme hoch	
- geeignete Fassungen für Jugendliche:	Linke Hände gefasst, rechte Hände auf rechter Schulter des Partners.	
- oder:	Wie Israeli-Swing-Fassung ohne erhobenen linken Arm	

Butterfly-Fassung	V ∩	Partner voreinander Hände seitlich auf Schulterhöhe gefasst oder Handflächen gegeneinander	

4.2.5 Elemente der Tanzschritte

Grundstellung:	In der Grundstellung befinden sich beide Füsse in natürlicher Stellung nebeneinander
Grundschritte:	
Schritt	Ein Schritt ist eine Gewichtsübertragung von einem Fuss auf den andern
Schlussschritt	Schritt in die Grundstellung (nachstellen)
Tritt	Tritt nennen wir alle Bewegungen des unbelasteten Fusses mit Aufsetzen auf dem Boden ohne Gewichtsübernahme
Schlusstritt	Tritt neben dem Standbein
Sprung	Ein Sprung ist eine spezielle Ausführung eines Schrittes: Der Boden wird dabei kurz verlassen
Schlusssprung	Sprung in die Grundstellung
Hop/Hupf	Aufhüpfen auf dem Standbein
Bewegungen des Spielbeines:	
Tupfen/Tupf	mit Fussspitze Boden berühren
Stampfen/Stampf	Betonter Tritt
Bürsten/"Brush"	mit dem Fuss über den Boden wischen
*"Swing"	Ausschwingen des Beines, vor dem Standbein kreuzend
"Kick"	schnellende Bewegung des Unterschenkels

*nicht zu verwechseln mit "Swingschritt" und "Swing"-Rundtanz

4.2.6 Tanzschritte

Aus der elementaren Fortbewegung:

Gehen

Laufen

Schrittkombination für rechts beginnend beschrieben:

Bezeichnung:	*Rhythmus:*	*Bewegungsteile:*
Hopser/Schritt-Hop	♪	Schritt rechts
	♪	Aufhüpfen rechts
Gleithüpfen	♪.	Schritt rechts
	𝅘𝅥𝅯	Aufhüpfen rechts
Galoppschritt/Seitgalopp	♪.	Schritt rechts
	𝅘𝅥𝅯	Sprung links nachstellend
Nachstellschritt	♪	Schritt rechts
	♪	Schritt links nachstellend
Wechselschritt	♪	Schritt rechts
	♪	Schritt links nachstellend
	♩	Schritt rechts
Polkaschritt/"Wechselschritt-Hop"	♪	Schritt rechts
	♪	Schritt links nachstellend
	♪	Schritt rechts
	♪	Aufhüpfen rechts
"Ferse-Spitze"	♩	Tritt rechts mit Ferse
	♩	Tupfen rechts neben oder vor dem Standbein
1) (Schottisch)	♪ |	Aufhüpfen links
	♪	Schritt rechts
	♪	Schritt links nachstellend
	♪.	Schritt rechts

1) (Kreuzpolkaschritt/ "Wechselschritt-Ferse-Spitze")	♪	Schritt rechts
	♪	Schritt links nachstellend
	♩	Schritt rechts
	♩	Tritt links mit Ferse
	♩	Tupfen links neben oder vor dem Standbein
Walzerschritt	♩	Schritt rechts
	♩	kleiner Schritt links
	♩	kleiner Schritt rechts
1) (Mazurkaschritt)	♩	Schritt rechts betont
	♩	Schritt links nachstellend
	♩	Aufhüpfen links
"Swing"-schritt im Paar ("Trottinett")	♪.	Schritt rechts vor links
	𝅘𝅥𝅯	Schritt links(nachstellend, auf Ballen)
2) Kreuzschritt	♩	Schritt vor oder hinter dem andern Bein kreuzend
"Grapevine" -häufig 4 Schritte (andere Formen im entsprechenden Tanzbeispiel)	♩	Kreuzschritt rechts vor links
	♩	Schritt links seitwärts
	♩	Kreuzschritt rechts hinter links
	♩	Schritt links seitwärts

1) gehören zu den typischen Tanzschritten aus dem schweizerischen Volkstanz - kommen in Tänzen für die Schule eher selten vor.

2) In "Grundschritten, Aufstellungen, Tanzfassungen" ist Kreuzschritt als Kombination von Seitschritt und Tupfen vorne kreuzend beschrieben.

4.2.7 Figuren

Rad rechts		Rechte Arme eingehängt
Handtour rechts		Rechte Hände auf Schulter- höhe gefasst
Dos-à-dos		Partner umkreisen einander <u>ohne Frontveränderung</u> ("Rücken an Rücken"): Vorwärts rechtschultrig, rückwärts linksschultrig
Mühle rechts		Zwei Paare fassen übers Kreuz - Hand des Partners gegenüber fassen oder: - Handgelenk des vorderen Partners fassen
Kette		Partner fassen rechte Hände und gehen rechtsschultrig aneinander vorbei, lösen; mit entgegenkommendem fremdem Partner linke Hand fassen, vorbeigehen...... Tänzer gehen in Tanzrichtung Tänzerinnen gehen gegen Tanzrichtung

4.2.8 Anmerkungen

Beachte beim Gebrauch anderer Tanzbeschreibungen die folgenden wichtigsten Gleichsetzungen:

In Tanzrichtung	- Gegenuhrzeigersinn gegensonnen (g.s.) - In englischen Texten: LOD - line of direction CCW - counter clockwise - In französischen Texten: SCAM = sense contre aiguille montre
Gegen Tanzrichtung	- Uhrzeigersinn/-richtung mitsonnen (m.s.) - In englischen Texten: RLOD CW Clockwise - In französischen Texten: SAM

"UNIVERSAL MIXERS"

Oft sind es die simpelsten Tanzspiele, die am meisten Freude bereiten! Da sie technisch so einfach sind, können sich die Tanzenden ganz der Partnerbegegnung hingeben.....

Die hier beschriebenen Beispiele sollen zu Eigenkompositionen inspirieren und sind mehr nur "Tanzregeln", die sich zu irgendeiner Universalmelodie und auch mit beliebigen Schritten und Fassungen tanzen lassen:

Einfache Mixers ("mixen" von Partnern)

— MIXBECHER

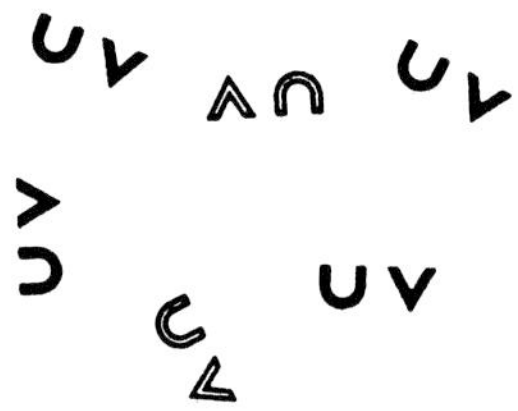

Musik: beliebige Universalmelodie im Gehtempo
Aufstellung: Paarweise frei im Raum, offene Fassung

zähle 1-16	Promenade paarweise frei im Raum, offene Fassung oder eingehängt
1-16	Promenade einzeln
1-16	Swing paarweise (oder einfachere Rundtanzform)

Quelle:
Schallplatte Fidula 1178, Aufzeichnung von Hannes Hepp, Stuttgart ● 161

— GROSSER ATLANTIK

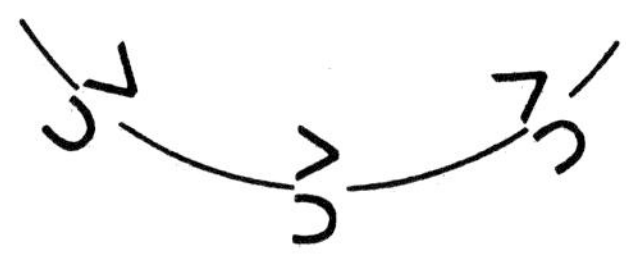

Musik: beliebige Universalmelodie im Gehtempo
Aufstellung: Paarweise im Flankenkreis, offene Fassung

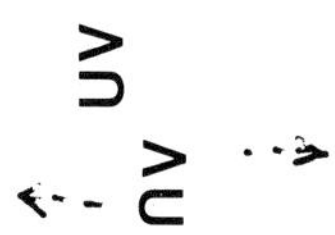

zähle 1-16	Promenade paarweise
1-16	Promenade einzeln
	mit entgegenkommendem neuen Partner:
1-8	Handtour rechts
1-8	Handtour links
1-16	Swing paarweise (oder einfachere Rundtanzform)

Hinweis:
Die gleiche Tanzfolge lässt sich auch frei im Raum tanzen

Quelle:
nach Aufzeichnungen von Hannes Hepp, Stuttgart

- Siehe auch Tanzspiele Break-Mixer und Doudlebska Polka ● 161

Paarmixers ("mixen" von Paaren)

— "SCHWINGBESENMIXER"/QUIRL:

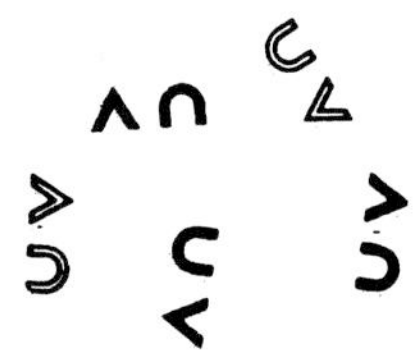

Musik: beliebige Universalmelodie im Gehtempo
Aufstellung: Paarweise Hüftschulterfassung (offene Fassung)

zähle 1-16	Promenade paarweise
1-16	Schwingbesen (Körbchen): Tänzer fassen sich hinter den Rücken der Tänzerinnen; Tänzerinnen Hände auf nähere Schultern der Tänzer; drehen im Swingschritt. Einfachere Form: Zwei-Paarkreis: gehen, hüpfen, Seitgalopp Zusätzlicher Partnerwechsel: Am Schluss des "Schwingbesens" den fremden Partner "stehlen" und mit ihm den Tanz von vorne beginnen.

● 161

"POP GOES THE WEASEL" (Weg ist das Wiesel...)

Musik: beliebige Universalmelodie oder Schallplatte Kögler SP 23017 (wie Virginia Reel)

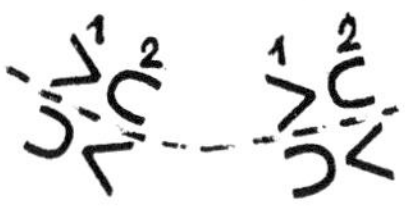

Aufstellung: Paarweise im Flankenkreis
offene Fassung
je zwei Paare mit Front zueinander

zähle 1-8 Kreis zu viert, mit 8 Schritten 1/1 Drehung

1-4 Grüssen: mit 2 Schritten gehen die Paare aufeinander zu und mit 2 Schritten rückwärts auf Platz

1-4 Tor: mit 4 Schritten geht Paar 1 durch das Tor des Paares 2 zum neuen Paar 2

Hinweis:
Diese Tanzfolge kann auch frei im Raum getanzt werden; Paare nicht nummeriert - im Kreis abmachen, welches Paar das Tor bildet....

Quelle:
Angaben zur Schallplatte SP 23017

- Siehe auch "Neuer Stern" und "Bitte mand i knibe" 151

Trios:

"POP GOES THE WEASEL" ("Weg ist das Wiesel...", andere Form)

Musik: Universalmelodie oder Schallplatte Kögler SP 23017 (wie Virginia Reel)

Aufstellung: wie Dreiermixer

zähle: 1-8 → Promenade

1-4 Kreis: 1/1 Drehung

5-8 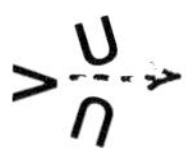 Tor: Tänzer geht durch das Tor zum nächsten Trio

siehe auch Troika und Te ve'orez, Machar

DREIER MIXER

Musik: beliebige Universalmelodie im Gehtempo

Aufstellung: Trio im Flankenkreis
Tänzer zwischen zwei Tänzerinnen

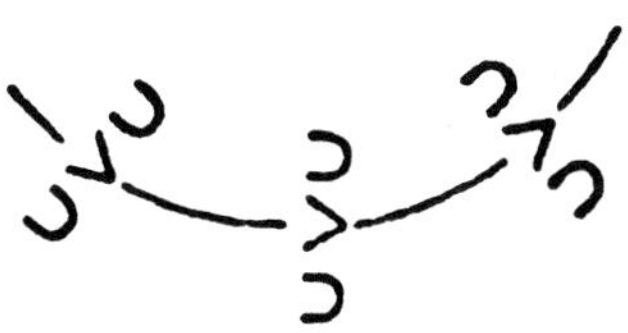

zähle: 1-16 → Promenade

1-16  Tor und Kreis/Swing:

- Aeussere Tänzerinnen gehen durch die Tore, die von Tänzern und inneren Tänzerinnen gebildet werden und bewegen sich in einem inneren Kreis ← (gehen, hüpfen, Seitgalopp oder Swing), zum Schluss schliessen sie sich mit einem beliebigen Paar zu einem neuen Trio zusammen.

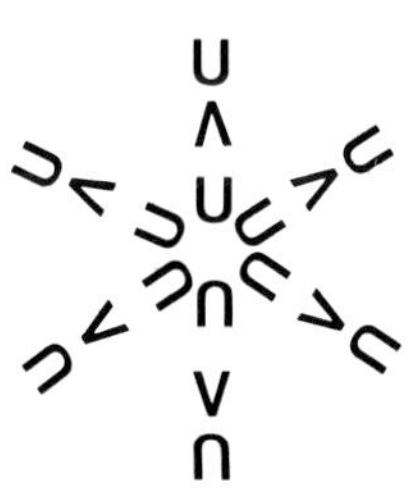

gleichzeitig:
- Innere Tänzerin und Tänzer tanzen Swing an Ort, zum Schluss stellt sich die Tänzerin auf die äussere Seite des Tänzers.
Anstelle von Swing auch gehen, hüpfen, Seitgalopp im Paar möglich

150

Hinweis: Auch als Trio mit Tänzerin und zwei Tänzern möglich

BREAK MIXER

geselliges Tanzspiel

Ein problemloses Tänzchen für jede Situation und jedermann - motiviert sogar Skeptiker.

Schallplatte: Fidula 1197 (wie Shuffle-, Samba-, Swing-Mixer)

Aufstellung: Paarweise beliebig im Raum,
offene Tanzfassung

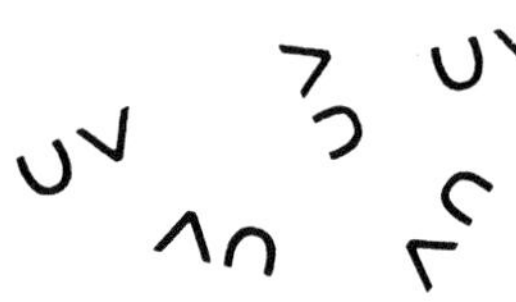

A	1-2	8 Schritte vorwärts, enden Front zueinander
	3	4 Schritte rückwärts auseinander
	4	3 Stampfschritte  3mal klatschen 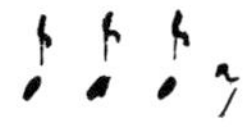
	5-6	Mit 8 Schritten Rad rechts mit eigenem Partner
	7-8	Mit 8 Schritten Rad links mit neuem beliebigem Partner
B	1-8	wie A

Hinweis:
Die Tanzfolge ist sehr kurz, die Melodie mit ihren Wiederholungen dagegen 4mal so lang
Der Tanzablauf lässt sich auf der Kreislinie →
mit geordnetem Partnerwechsel ausführen

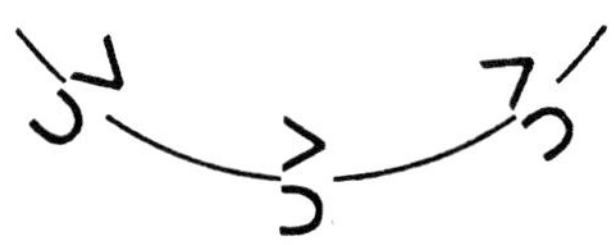

Quelle:
Ergänzte Tanzbeschreibung nach Aufzeichnung von
Hannes Hepp, Stuttgart

● 140

DOUDLEBSKA POLKA

Sternpolka oder Linzerpolka

Dieses lustige und beliebte Tanzspiel ist in vereinfachter Form schon auf der Unter- und Mittelstufe möglich.

Vorspiel 4 Takte ABC ABC ABC ABC A

Schallplatte: Fidula 1178 (wie Neuer Stern u.a.)

oder: Kögler EP 58701

Aufstellung: Paarweise frei im Raum
z.B. offene Fassung
oder Zweihandfassung

"Frei im Raum"

A 1-8 — z.B. mit Polkaschritten, Hüpfschritten oder Seitgalopp paarweise frei im Raum tanzen

A(Wh) 1-8 — wie A 1-8

"Stern": (Umzug, Promenade....)

B 1-8 — Paarweise in Hüftschulterfassung, die Tänzer legen die linke Hand auf die linke Schulter des Vordermannes und schliessen zu einem Kreis: Mit Gehschritten dreht sich der Stern

B(Wh) 1-8 — wie B 1-8 →

(Doudlebska Polka)			**"Stammtisch" oder "Damenkranz"**
			Die Tänzer (Tänzerinnen) bilden einen Frontkreis und führen die "Klatschfigur" aus, währenddem die Tänzerinnen (Tänzer) um den stehenden Kreis oder ev. frei im Raum tanzen und sich zum Schluss hinter einen neuen Partner stellen
			"Klatschfigur":
C	1-2	♩	Schlag auf die Oberschenkel mit beiden Händen
		♩	Klatschen in die eigenen Hände
		♩	Klatschen in die auf Schulterhöhe gehaltenen Hände der Nachbarn
		𝄽	(oder: ♩ Klatschen in die eigenen Hände)
	3-8		wie C 1-2, noch 3mal wiederholen
C(Wh)	1-8		wie C 1-8, total 8mal

Hinweise:

- In der Originalform wird Teil A als Rundpolka getanzt
- In Teil B können spontan auch mehrere kleine Sterne entstehen
- Der Teil C ist ursprünglich so gemeint, dass in jedem Durchspiel von einem (andern) Vortänzer eine neue "Klatschfigur" improvisiert und von allen nachgeahmt wird (z.B. auch mit Schlägen auf den Boden Klatschen hinter dem Rücken, unter dem Bein durch....) Als Abwechslung (auf Ansage) Rollenwechsel: Tänzerinnen klatschen....

● 142

BITTE MAND I KNIBE (auch Dänischer Walzer) Dänemark

"Der kleine Mann in der Klemme"

Ein lustiger, einfacher Paarmixer im 3-Takt - für Leute mit Schwung und Kondition!

Vorspiel 2 Takte AABB AABB AABB AABB AABB AABB

Schallplatten: Fidula FF 1179 (wie Mexikanischer-, Spanischer-, Familienwalzer
Kögler EP 58401 (wie Familienwalzer, Trommelwalzer, Kontra-sejre)

Aufstellung: Frei im Raum aufstellen zum "Rad" zu viert: 2 Paare in Hüftschulterfassung nebeneinander, Tänzer mit linkem Arm eingehängt

"Rad" mit Laufschritten

A 1-4 — 24 Laufschritte ↻ vorwärts

"Tor" mit Laufschritten

5-8 — 24 Laufschritte; während des Laufens eingehängte Arme und Hüftschulterfassung lösen; dafür Hände fassen, Arme strecken. Ohne Fassung zu lösen, laufen Tänzerinnen durch das von den Tänzern gebildete Tor, drehen sich ↻ zur Mitte und reichen sich über die Mitte weg die freien, rechten Hände: alle 4 Tänzer drehen mit Blick zur Mitte weiter ↻
Zum Schluss Fassung lösen und paarweise offene Fassung:

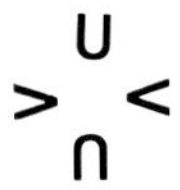

Offener Walzer

B 1-2 — Frei im Raum 4 Walzerschritte vorwärts. Tänzer links, Tänzerin rechts beginnen; die gefassten Hände werden in Schulterhöhe vor- und rückgeschwungen.

Rundwalzer

3-4 — Mit 4 Walzerschritten 2 Drehungen ↺, Tänzer links rückwärts, Tänzerin rechts vorwärts beginnen.

5-8 — wie B 1-4

Tanz mit beliebigem neuen Paar von vorne. Bei ungerader Zahl von Paaren ist ein Paar "in der Klemme".

Hinweise:
- Mit Schülern, die den Rundwalzer noch nicht beherrschen, sind für den 2. Teil folgende Ersatzfiguren möglich:
- Nur offener Walzer
- Offener Walzer abwechseln mit Tänzerin unter der Hand drehen ↺
- Offener Walzer abwechseln mit Drehungen einzeln, Tänzer ↻ Tänzerin ↺

● 143

KREBSPOLKA

Oesterreich

Die alten Formen der Krebspolka (Vorwärts-und Rückwärts -Bewegung) sind "Neukatholischer", "Manchester", "Languus", "Lott ist-tot"....etc. Nach dem Prinzip des Krebstanzes ist hier eine auch als Kindertanz geeignete Form zu einer Neufassung der (oesterreichischen) Melodie "Krebspolka" gezeigt.

Vorspiel 4 Takte AB AB AB AB

Schallplatte: Fidula 1260 "Tänze für Kinder 1" (wie Dučec, Schot, Kreuztanz, Teppichknüpfer, Schustertanz)
Original: EP 58103

Aufstellung: Paarweise im Kreis
Partner voreinander
Tänzer Rücken zur Mitte
Zweihandfassung

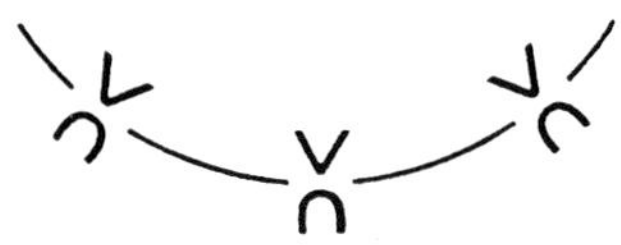

Tanzen in Tanzrichtung und wieder "zurückkrebsen"

A 1-2 → 2 Nachstellschritte seitwärts

3-4 → 2 Galoppschritte seitwärts, Seitschritt und Schlusstritt

5-8 ← 7 Seitgalopp zurück und Schlusssprung

A(Wh) 1-8 wie A 1-8

"Slalom"

B 1-8  "Herrenslalom": Währenddem die Tänzerinnen stehen bleiben, gehen die Tänzer mit 4mal 4 Schritten an drei fremden Tänzerinnen vorbei (grüssen) und bleiben vor der vierten stehen.

B(Wh) 1-8 "Damenslalom": Gehen die Tänzerinnen in die gleiche Richtung, treffen sie wieder ihren Partner, gehen sie in Gegenrichtung, erfolgt ein Partnerwechsel.

Hinweis:
Diese Figur, anlässlich eines Kurses von Hannes Hepp, Stuttgart, gezeigt, eignet sich gut für die Schule und ersetzt den Rundtanz der Originalfassung. Andere Möglichkeiten, den Teil B zu tanzen: auf der Kreisbahn oder frei im Raum mit Geh-Hüpf- oder Polkaschritten in offener Fassung, im Rad, im Paarkreis...
Schüler mit einiger Tanzerfahrung werden selber "Ersatzfiguren" finden....

● 147

ZIGEUNERPOLKA

Deutschland

Ein lustiger Paartanz mit Partnerwechsel im Klatschteil, zu Beginn Promenade.

Vorspiel 4 Takte A A B C A A B C A A B C

Schallplatte: Kögler EP 58 118 (mit Einzugstets, Grosser Stets, Wåf, Spinnradl zu dritt, Kurnauer Durl)

Aufstellung: Paarweise im Kreis
Partner nebeneinander
Offene Fassung

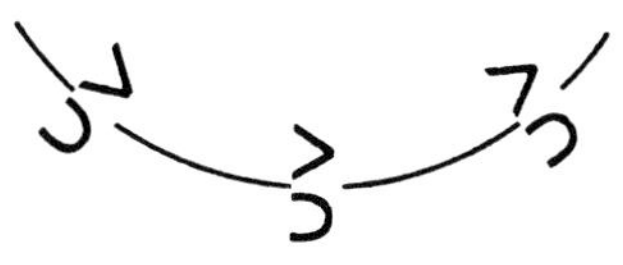

A	1-8	Promenade
	und	
A(Wh)	1-8	Zum Schluss voreinander.
		Grüssen
B	1	Fassung lösen
	2	Verbeugung zum Partner.
	3	kleine Drehung und
	4	Verbeugung zum Partner links.
	5	kleine Drehung und
	6	Verbeugung zum Partner rechts.
	7	kleine Drehung und
	8	Verbeugung zum Partner.
		Partnerwechsel mit Klatschen
C	1-8	Tänzerinnen gehen in Tanzrichtung, Tänzer gegen Tanzrichtung. Dabei klatschen beide (auf jeden Schritt einmal) wie folgt: In die eigenen Hände, mit dem Partner, wieder in die eigenen Hände, mit dem nächsten Partner usw.
		Der Tanz beginnt von vorne mit dem Partner, mit welchem man zuletzt geklatscht hat.

(Zigeunerpolka)

Hinweise:

- Hier liegt die Beschreibung als Kindertanz vor. In der Originalform wird Teil A (statt Promenade) als Rundpolka getanzt.
- Der Tanz stammt aus dem Kuhländchen, ist also sudetendeutsch.
- Neben der hier beschriebenen neuen Tanzform kennt man auch die überlieferte Tanzform. Letztere enthält als Hauptdifferenz keinen Partnerwechsel, indem die Tänzer rückwärts gehen und immer in die eigenen Hände und die der Partnerin klatschen.
- Nicht ganz einfach, aber sehr hübsch ist das "Spinnradl zu dritt" auf der gleichen Platte.

Quelle:

Angaben zur Schallplatte u.a.

● 145

CIRCASSIAN CIRCLE ("Zauberzirkel", "Fröhlicher Kreis") England

Ein einfacher alter englischer Kreistanz mit Partnerwechsel.

Vorspiel 2 Takte AABB AABB AABB AABB AABB AABB

Schallplatte z.B.: - Kögler SP 23 018 (Melodie "Irish Washerwoman") (wie Oh Susanna)
- EP 58 201 (Circassion Circle I und II)

Aufstellung:	Paare im Frontkreis V-Position	

A	1-2	Mit 4 Schritten vorwärts zur Mitte und mit 4 Schritten zurück, rechts beginnen (4. Schritt jeweils Schlussschritt)
	3-4	Wie A 1-2
A(Wh)	1-2	Tänzerinnen allein wie A 1-2 (auf 4. Schritt Takt 1 kann geklatscht werden)
	3	Tänzer allein: Wie A 1 mit 4 Schritten vorwärts zur Mitte, mit dem 4. Schritt 1/2 Drehung
	4	Tänzer mit 4 Schritten vorwärts zur neuen Partnerin
B	1-4	"Swing"-Schritte im Paar mit der neuen Partnerin
B(Wh)	1-4	Promenade in Kreuzfassung (hier Tänzer rechter Arm oben) im letzten Takt wieder fassen zum grossen Kreis

Hinweis: Die Promenade kann auch in Hüpf- oder Wechselschritten ausgeführt werden.
Als vereinfachte Form kann anstelle Swing z.B. Rad oder Paarkreis getanzt werden.

Quellen: "Community Dances" und nach Angaben zur Schallplatte.

● 141, 161

ALEWANDER

Schweiz

Ueberlieferter alter Kreistanz aus der Innerschweiz. Unter den wenigen Schweizertänzen, die in der Schule möglich sind, eignet sich dieser besonders von der Form her: Paarfiguren und Partnerwechsel abwechselnd mit Einzelaktionen und Kreis.

Vorspiel: Takte A 5-8, AABBCC AABBCC AA

Schallplatte: 048-76 141 (LP) und weitere Schweizertänze oder zyt 233 Tanzchuchi

Aufstellung: Paare im Frontkreis
Partner nebeneinander
W-Position

"Kreis"

A 1-8	<	←	15 Schritte vorwärts, links beginnen und Schlusstritt rechts
A(Wh) 1-8	>	→	15 Schritte vorwärts, rechts beginnen und Schlusstritt links.

"Mädchen-Umgang" (sogenannter 'passer')

Tänzer Hände in Hüftstütz oder Arme verschränkt, Tänzerinnen Arme hängen lassen.

B	1-2	Λ∩	Tänzer: 3 Schritte rückwärts, links beginnen und Schlusstritt rechts. (Er weicht der linken Tänzerin rückwärts aus.) Tänzerin: 4 Schritte vorwärts (vor den nächsten Tänzer rechts) in den Kreis.
	3-4	∩ Λ	Tänzer: 3 Schritte vorwärts, rechts beginnen und Schlusstritt links. (Er weicht so der nächsten Tänzerin vorwärts aus.) Tänzerin: 4 Schritte vorwärts aus dem Kreis (hinter den nächsten Tänzer in Tanzrichtung).
	5-8		wie B 1-4
B(Wh)	1-8		wie B 1-8, also fortgesetzt bis zum 8. Partner. Mit diesem Kreuzfassung im Rücken.

"Paardrehen an Ort"

C	1-8	Λ∩	Paardrehen ↻ mit 15 Schritten, links beginnen und Schlusstritt rechts.
C(Wh)	1-8		Paardrehen ↺ mit 15 Schritten, rechts beginnen und Schlusstritt links. von vorne

"Galopp im Kreis" (W-Position)

A(letztes Durchspiel)	1-8	14 Galoppschritte links seitwärts, einen Seitschritt links und Schlusstritt rechts.
A(letztes Durchspiel)	(Wh) 1-8	14 Galoppschritte rechts seitwärts, einen Seitschritt rechts und Schlusssprung.

Hinweise:

- "Alewander", "Aliwander", "Allemandler" sind mundartliche Bezeichnungen für "Allemande". A. Tobler meint in seiner Studie "Der Volkstanz im Appenzellerlande" (Archiv für Schweizer Volkskunde, 8. Jahrgang, 1. Heft, 1904), dieser Tanz sei "die aus Frankreich nach Deutschland zurückgekehrte Allemande". Auch in Engelberg wurde die Vermutung geäussert, der "Alewander" sei möglicherweise mit dem Einzug der Franzosen in die Schweiz um 1798 ins Land gekommen. Tobler erwähnt ferner, dass man "zu Titus Toblers Zeiten (1806-1877)" diese oder eine ähnliche Tanzart im Appenzellerland "e Schwööbli" nannte, welcher Name auf unsere "Allemande" hindeutet. Der Tanz ist übrigens verwandt mit der Engadiner "Allemanda".
- Aus den Alewander-Grundformen ist ebenfalls eine Kindertanzform entstanden. Siehe "Der Alewander", Panverlag: Heft und Platte, mit einer Kinder ansprechenden Einspielung.

Quelle:
Schweizerische Trachtenvereinigung.

● 146

Ein echter, überlieferter Wallisertanz, gespielt von einem Walliserorchester (u.a. mit Schellenbaum). Reizvoller Gegensatz zwischen dem schnellen ersten und dem feierlichen zweiten Teil.
Ganz kurze Tanzfolge (ursprünglich länger).

Vorspiel: Takte A 9-12   ABAB ..... A

Schallplatte: 048-76 142 (LP) und weitere Tänze aus dem Welschland
oder zyt 233 Tanzchuchi

Aufstellung: Paarweise im Kreis, voreinander, Burschen Rücken zur Mitte. Ohne Fassung. Hände in Hüftstütz.

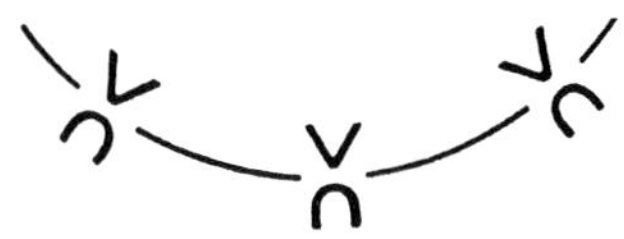

A	1	V ∩		Mit 3 Laufschritten (♪ ♪ ♪ 𝄾) 1/4 Drehung ↻ an Ort, beide links beginnen
	2	> ⊂		Mit 3 Laufschritten 1/2 Drehung ↺ an Ort, beide rechts beginnen
	3-4	< ⊃		Mit 7 Laufschritten 11/4 Drehung ↻ an Ort, beide links beginnen
	5-6	V ∩		Rad rechts ↺ mit 4 Gehschritten (♩ ♩ ♩ ♩), beide rechts beginnen
	7-8			Rad links ↻ beide rechts beginnen. Burschen 3 Schritte und Schlusstritt, Mädchen 4 Schritte
	9	V ∩	→	Zweihandfassung: 1 Wechselschritt seitwärts, Burschen links, Mädchen rechts
	10	V ∩	←	1 Wechselschritt seitwärts, Burschen rechts, Mädchen links
	11-12	V ∩		Mit 7 Laufschritten 1 Drehung an Ort, Burschen ↻ links beginnen, Mädchen ↺ rechts beginnen
B	1-6	> ⊃	→	Mühle mit 12 Gehschritten, Burschen rechts, Mädchen links beginnen. Paarweise offene Tanzfassung, Burschen fassen linke Hand in der Mitte, Mädchen rechte Hand am Rock. (Bei zu grossem Kreis legen die Burschen ihre linke Hand auf die linke Schulter des Vordermannes).
	7-8			Mit 2 Gehschritten nach aussen, Mühlefassung lösen, Ausweitung des Kreises und Aufstellung wie am Anfang. Verbeugung

Quellen:
- Schweizerische Trachtenvereinigung
- "Danses populaires suisses", Heft 1, P. Bordier (Sammlung A. Gos)   ● 144

NIGUNO SHEL YOSSI

Israel

Ein lebhafter und doch einfacher Mixer aus Israel.

Vorspiel 4 Takte AA BB AA BB AA BB AA BB AA BB

Schallplatte: Worldtone WT 10022 (zusammen mit Hora Chadera).
Fidula 1281

Aufstellung: Paare im Frontkreis
Partner nebeneinander
V-Fassung.

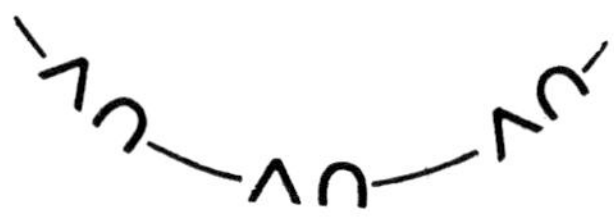

A	1	Seitschritt rechts und "Swing" links
	2	Seitschritt links und "Swing" rechts
	3-4	4 Schritte vorwärts, rechts, links, rechts, links
	5-6	wie A 1-2
	7-8	4 Schritte rückwärts, rechts, links, rechts, links
A(Wh)	1-8	wie A 1-8
B		Hände loslassen, Front zueinander
	1	Seitschritt rechts, Tupf links neben rechts mit Fingerschnipsen auf Kopfhöhe
	2	Seitschritt links, Tupf rechts neben links mit Fingerschnipsen auf Kopfhöhe
	3-4	4 Schritte vorwärts, rechts, links, rechts, links, dabei links ausweichen zum nächsten Partner
	5-8	8 "Swing"-Schritte im Paar in Israeli-Swing-Fassung (oder: Beide Hände des neuen Partners fassen, rechte Arme gestreckt, linke angewinkelt: 1/1 Drehung ↻ mit 8 Gehschritten)
B(Wh)	1-8	wie B 1-8 (2. Partnerwechsel)

Quelle: Nach den Angaben zur Schallplatte

● 144, 161

ZAMAR NODED   Der einsame Wanderer (Sänger...)   Israel

Lied: "Derech Aruka", "Der Weg ist lang..."

Ein einfacher "Begegnungstanz" zu einer bezaubernden Melodie, die auch müde Wanderer und Tänzer wieder in Schwung bringt....

Vorspiel 2 Takte AB AB , 1 Zwischentakt, AB, 4 Schlusstakte

Schallplatte: Hed-Arzi MN 529 (wie Hashual, Machar, Hora Nirkoda)

Aufstellung: Paare im Flankenkreis
Partner voreinander
Tänzer Front in Tanzrichtung
Rechte Hände gefasst

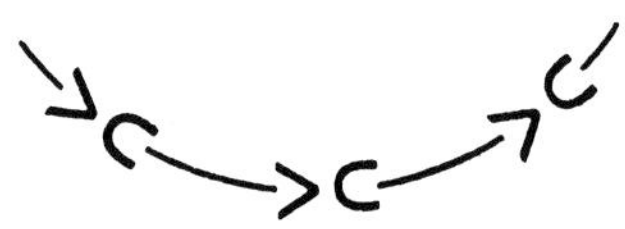

Kette

A 1-8  Auf je 4 Schritte an 8 Partnern vorbei bis zum 9. Partner (eigener Partner mitgezählt)

Zur Mitte und drehen

Zweihandfassung (Arme seitwärts gestreckt) mit 9. Partner :

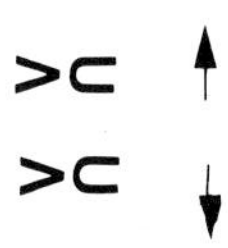

B 1 3 Seitgalopp-Schritte zur Kreismitte, Schlusssprung

2 3 Seitgalopp-Schritte zurück, Schlusssprung

3-4 Drehen mit 8 Laufschritten in Israeli-Swing-Fassung

5-8 wie B 1-4

Hinweis:
- Im "Ueberschusstakt" am Schluss des zweiten Durchspiels wird noch eine Drehung mehr auf 4 Schritte getanzt, ebenfalls in den Schlusstakten weiterdrehen.

Quelle:
Choreographie von Rivka Sturman

● 148, 138

SHUFFLE MIXER

Paartanz mit Partnerwechsel im Pop-Stil

Eine kurze Tanzfolge aus bekannten Grundschritten die sich besonders auch für Anfängergruppen eignet. Zudem lässt das einfache Schrittschema dem Bewegungshungrigen genug Raum für Improvisation: z.B. Akzente setzen mit Klatschen und Stampfen, Drehungen, isolierte Bewegungen aus der Horse- oder Funkytechnik...!

Vorspiel 4 Takte A B B A C C A' (Takte 1-4 wiederholen)
16 8 8 16 8 8 8

Schallplatte: Fidula 1197 (wie Break-, Samba-, Swingmixer)
oder beliebige Popmelodie im Gehtempo

Aufstellung: Paare im Kreis, Partner voreinander,
Tänzer Rücken zur Mitte, ohne Fassung

A 1 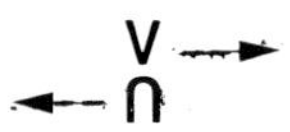

Seitschritt links
rechts nachstellen
Seitschritt links
rechts schliessen ohne Gewicht - akzentuieren
z.B. mit Stampfen, Klatschen....

2 Wie Takt 1 gegengleich nach rechts

3-4 Wie A 1-2

5 Seitschritt links
"Kick" rechts vor links
gegengleich Seitschritt rechts, "Kick" links

(Shuffle Mixer)

6		Wie A 5
7-8		Dos-à-dos mit 8 Schritten mit eigenem Partner; mit den Rückwärtsschritten nach rechts vor neuen Partner verschieben

Hinweis:

- Die Tanzfolge ist sehr kurz, die Musik viel länger; nach der Schallplatte kann die Tanzfolge 9mal getanzt werden
- Spielen mit dem beschriebenen Schrittschema:
  Tanzfolge auch einzeln frei im Raum mit Frontwechsel;
  In Gruppen einander gegenüber; im Kanon; oder sogar als
  Quodlibet zusammen mit ähnlichen Poptanzfolgen
  (z.B. "Stampy") tanzen

Quelle:
Ergänzte Tanzbeschreibung nach Aufzeichnung von Hannes Hepp

● 173, 162

JIFFY MIXER

USA

Ein international bekannter Tanz, der Tänzer jeden Alters begeistert!

Vorspiel 4 Takte A B A a B B A B A B

Schallplatten: Kögler SP 23100 (wie Teton Mountain Stomp)
oder Fidula 1175 (wie Karo Twist, Teton
Mountain Stomp und Shortcake)
oder Cassette zu Turnen und Sport Band 3

(Jiffy-Mixer)

Aufstellung: Paare im Kreis
Partner voreinander
Tänzer Rücken zur Kreismitte
Butterfly-Fassung

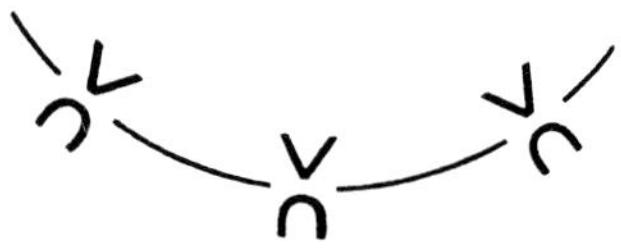

<u>"Ferse-Spitze-Ferse-Spitze-Seite-Schliessen-Seite-Tupf"</u>

A 1  Tänzer mit linkem, Tänzerin mit rechtem Fuss Ferse-Spitze. (Dabei Aus- und Eindrehen des Spielbeins möglich.)

2 wie A 1

3 → Nachstellschritt in Tanzrichtung

4 Seitschritt und Schlusstritt in Tanzrichtung

5-8 wie A 1-4, jedoch gegengleich.
Zum Schluss Fassung lösen.

<u>"Chug-Klatsch...-Partnerwechsel nach rechts"</u>

A 9  Kleiner flacher Sprung rückwärts (Ballen gleiten am Boden), auf zweite Takthälfte einmal klatschen

10-12 wie B 1 noch 3mal wiederholen, total 4mal

13-16 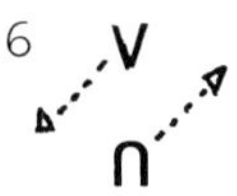 4 langsame Schritte schräg rechts vorwärts zum nächsten Partner. (Tänzer links, Tänzerin rechts beginnen.) Mit dem neuen Partner Butterfly-Fassung zum Wiederbeginn.

Der Tanz beginnt von vorne, jetzt zum Musikteil B usw.

<u>Quelle:</u>
Nach W. Köglers Uebersetzung der amerikanischen Originalbeschreibung von Jerry und Kathy Helt.

<u>Hinweise:</u>
- Für Schüler eignet sich der Tanz auch ohne Fassung.
- In der (Schweizerischen) Turnschule S. 256 steht leider unter Benützung des gleichen Titels eine völlig andere Beschreibung!

● 172

SAMBA MIXER

Modetanz im Sambastil

(Caribean-Mixer oder Limbo Rock)

Ein beliebter und eher anspruchsvoller Paartanz mit Partnerwechsel für die dritte und vierte Stufe.

Schallplatte: Fidula 1197 (Samba-Mixer, Break-, Shuffle-, Swing-Mixer)
Folkraft 1593 (Caribean-Mixer/Limbo Rock)
oder zyt 233 Tanzchuchi

Aufstellung: Paare im Kreis, Partner hintereinander
beide Rücken zur Mitte, ohne Fassung

Beide Partner tanzen das gleiche Schrittbild

"Twist"-,"Twist"-"Wechselschritt" (♩ ♩ ♫ ♩):

1 V U Ausgangsstellung: linker Fuss vorgestellt auf Ballen mit ausgedrehter Ferse:
2mal mit linkem Fuss"twisten":
2mal linke Ferse einwärts drehen mit Beugen im rechten Knie.
Wechselschritt links, rechts, links an Ort mit 1/2 Drehung ↻

2 Λ ∩ Wie Takt A 1, gegengleich: 2mal mit dem rechten Fuss: "twisten" mit Blick zur Kreismitte, mit Wechselschritt 1/2 Drehung ↺

3-4 Wie Takt A 1-2, in Takt 4 enden beide Partner mit Front in Tanzrichtung, Kreuzfassung vorn

"Kreuz-seit, kreuz-seit, kreuz-seit,kreuz" (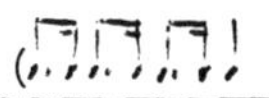)

5-6 Diagonal nach rechts ("hinaus"), 3mal Kreuzschritt links vor rechts - Seitschritt rechts, einen vierten Kreuzschritt links vor rechts

Gegengleich diagonal nach links ("hinein")

"Samba-Promenade" (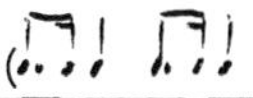):

7 Wechselschritt: links, rechts, links
Wechselschritt: rechts, links, rechts

8 Wie Takt 7; Tänzerin wechselt dabei zum nächstvorderen Tänzer, enden in Anfangsaufstellung

Quelle:
Ergänzte Beschreibung nach Aufzeichnung von Hannes Hepp, Stuttgart

Beachte:
- Takt 8 kann der Tänzer auch als Kreis zurück auf den eigenen Platz ausführen
- Samba: Ausführliche Beschreibung der Gegenbewegung mit Hüfte und Schulter siehe Platte Fidula 1197

Hinweis:
Für 1 Durchspiel der Musik muss die Tanzfolge 3mal getanzt werden. Daher empfindet man die Tanzmusik als abwechslungsreich.

● 183

SALTY DOG RAG

USA

Diese recht anspruchsvolle und kreislauffördernde Tanzfolge zu der anfeuernden Melodie eignet sich für fortgeschrittene Schüler der dritten und vierten Stufe.

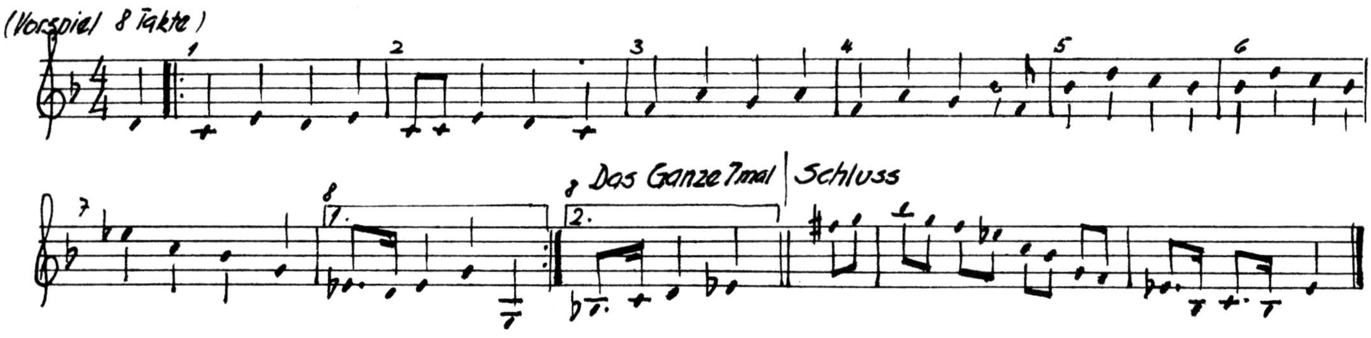

Schallplatte: MCA 66, 11012 (wie Tennessee Wig Walk)
oder zyt 233 Tanzchuchi
oder Cassette zu Turnen und Sport

Aufstellung: Paarweise in Flankenkreis links Kreuzfassung vorne (rechts über links)

1. Figur "Seite-hinten-seite-hop":

A1 1 — "hinaus" Seitschritt rechts, Kreuzschritt links hinter rechts, Seitschritt rechts, Hop rechts (Variante: Swing Schwingen des linken Beines vor rechts)

2 — Wie A 1 gegengleich ("hinein")

3-4 — 4 Schritt-Hop, rechts beginnen (Variante: 8 Gehschritte)

5-8 — Wie A1 1-4, in Takt 8 wird die Tänzerin mit den zwei letzten Schritt-Hop vor den Tänzer geführt, dann rechte Hände lösen

Refrain: auseinander, zueinander, Handtour:

A1(Wh) 1 — Gleiche Schrittfolge wie A1 1, jedoch auseinander

2 — Mit 3 Schritten, links, rechts, links, 1/1-Drehung zueinander (linke Hand lösen), Hop links mit gleichzeitigem Klatschen

3-4 — Handtour rechts mit 8 Schritten

5-8 — Wie A1(Wh) 1-4. In Ausgangsstellung enden (Kreuzfassung)

2. Figur: "Ferse-schliessen-Ferse-schliessen-auf-zu-stampf-stampf"

A2 1 — Rechte Ferse vorstellen, Schlussschritt rechts
Linke Ferse vorstellen Schlussschritt links

2 — Fersen spreizen, schliessen
Zwei Stampfschritte, rechts, links

3-4 — Wie A1 3-4: 4 Schritt-Hop

5-8 — Wie A2 1-4

Refrain

A2(Wh) — Wie A1(Wh) 1-8

Der Tanz beginnt von vorne und wird im ganzen 3½mal durchgetanzt

Hinweis:
- Vereinfachte Tanzform: anstelle der 2. Figur wieder die 1. Figur tanzen
- Die Schrittfolge dieses Tanzes erinnert an das Polkamotiv "Wechselschritt-Hop, Wechselschritt-Hop, 4 Hopser"

Quelle:
Angaben auf der Schallplatte

● 149

TENNESSEE WIG WALK

USA

Lustiger, bewegungsanregender Mixer. Für Schüler mit einiger Bewegungserfahrung.

Vorspiel 2 Takte A A B A A A A A B A Schluss 2 Takte

Schallplatte: MCA 66 11012 (wie Salty Dog Rag)

Aufstellung: Paare in Flankenkreis
Partner voreinander, leicht verschoben
Tänzer Front in Tanzrichtung
rechte Hände gefasst

"Tupf-Tupf-rück-seit-vor" (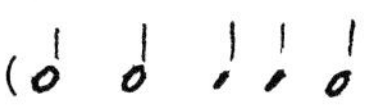) — zähle

A 1 — Tupf links vor — 1
Tupf links seit — 2

2  — Kreuzschritt links hinter rechts — 3
Seitschritt rechts — und
Kreuzschritt links vor rechts — 4
Bei dieser "Verschiebung" wird die rechte Hand gelöst und die linke gefasst

3-4 — Wie A1-2 gegengleich

"Schritt-Schritt-Schritt-Brush" ()

Handtour rechts mit:

5 — 3 Schritten links, rechts, links und Brush rechts

6 — 3 Schritten rechts, links, rechts und Brush links
Rechte Hände lösen

7-8 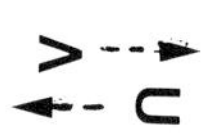 — Partnerwechsel zum übernächsten Partner:
Schritte wie Takte 5-6

Quelle:
Angabe auf der Schallplatte

● 182

Faszinierend ist die Form der "Tunnelmusik": Das Orchester setzt nach und nach aus, verstummt sogar.... Können wir den Tanzrhythmus durchhalten und gleichzeitig mit dem Orchester zu der letzten Reprise ansetzen?

Schallplatte: SP 23400
Cassette zu Lehrmittel "Turnen und Sport"
oder zyt 233 Tanzchuchi

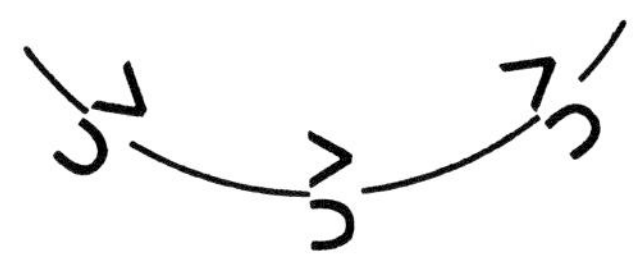

Aufstellung: Paarweise im Flankenkreis links; offene Tanzfassung

A	1	Seitschritt links, mit rechtem Fuss 3mal "bürsten" (vor, überkreuzt, vor)
	2	Seitschritt rechts, Kreuzschritt links hinter rechts, Seitschritt rechts, Kreuzschritt links hinter rechts.
	3-4	wie Takte 1-2, aber gegengleich nach rechts beginnend
	5-6	Mit 4 langsamen Schritten tanzt jedes einen kleinen Kreis. Abschliessend Front zueinander.
	7	wie Takt 1
	8	3 Stampfschritte an Ort, rechts, links, rechts
A(Wh)	1-4	wie Takte A 1-4 voreinander
	5-8	wie Takte A 5-8, zum Schluss Front wieder in Tanzrichtung
B	1-2	4 langsame Schritte, links beginnen, dazwischen (synkopisch) Fingerschnalzen
	3	Schritt vorwärts, anschliessend mit der rechten Fussspitze langsam einen Kreis über hinten beschreiben, dabei mit Stimme "sch-sch-sch".
	4	3 Stampfschritte an Ort, rechts, links, rechts
	5-8	wie Takte B 1-4
A Reprise	1-8	wie Takte A 1-8, am Schluss bleibt Front in Tanzrichtung

(Steppin Out)

Das Ganze wird jetzt noch zweimal getanzt, also total 3mal.

Erstes Durchspiel: Orchester mit voller Besetzung
Zweites Durchspiel: Schlagzeug
DrittesDurchspiel: AAB, ohne Musik / A Reprise, volles Orchester

Hinweis:
Für die Schule hat sich eine andere Aufstellung (im Schwarm) bewährt

Jedes tanzt allein

Dies bedingt eine kleine Aenderung:

A	5 - 6	Alle tanzen den Kreis ↻ Front bleibt nach vorne gerichtet.
A(Wh)	1 - 8	keine Frontänderung

Quelle:
Choreographie von Jean und Roger Knapp, Texas

● 171

TE VE' OREZ "Tee und Reis" Israel

Ein einfacher Trio-Tanz mit Partnerwechsel. Das fröhliche Tanzlied erzählt, wie sich die Einwanderer nicht den Mut nehmen liessen, obwohl sie sich im Anfang mit Tee und Reis begnügen mussten.

Vorspiel 2 Takte AAAA AAAA AAAA AAAA

Schallplatte: Hed-Arzi MN 581 (wie Uri Zion, Hora Hassidith, Haya Ze Bassadeh, Sharm-a-Sheikh)

Aufstellung: Tänzer zwischen zwei Tänzerinnen im Flankenkreis links, Hände gefasst

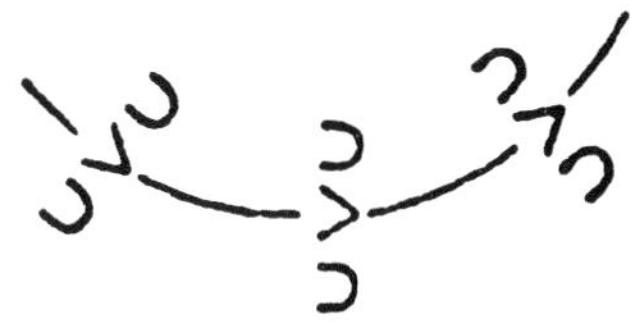

1-2	8 Schritte, links beginnen
3	3 Seitgalopp links, Schlusssprung
4	3 Seitgalopp rechts, Schlusssprung zu Front gegen Kreismitte, Fassung lösen
5	4 Schritte zur Kreismitte mit 4mal klatschen, dabei langsam Arme heben
6	4 Schritte zurück mit 4mal klatschen, dabei langsam Arme senken, enden mit Front in Tanzrichtung
7	4mal Gleithüpfen, Fassung lösen
8	Mit 4mal Gleithüpfen wechselt Tänzer zu den vorderen Tänzerinnen

Hinweis:
Trio auch als Tänzerin zwischen zwei Tänzern möglich

Quelle:
Choreographie von Rivka Sturman, Israel

● 151

MACHAR "Morgen" Israel

Dieser hübsche Tanz zu der eingängigen Melodie ist sowohl für den Kontakt wie fürs Gemüt! Bei Schülern mit einiger Tanzerfahrung ev. schon auf der Mittelstufe möglich.

Schallplatte: Hed-Arzi MN 529 (wie Hashual, Zamar Noded, Hora Nirkoda)

Aufstellung: Trio im Flankenkreis
Tänzer zwischen zwei Tänzerinnen
Hände gefasst

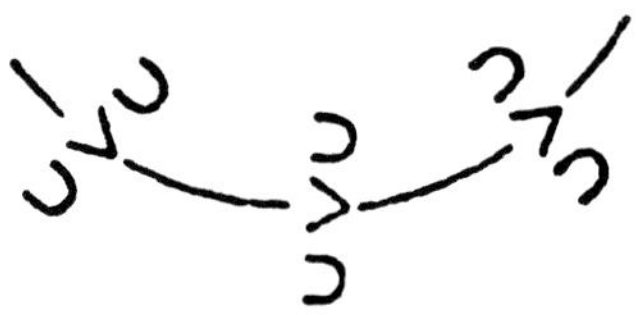

A 1  4 Laufschritte vorwärts, rechts beginnen

2 Schritt-Hop rechts gekreuzt vor links
Schritt-Hop links gekreuzt vor rechts

3-8 wie A 1-2, 3mal wiederholen, total also 4mal
Enden in folgender Aufstellung:
Tänzer und äussere Tänzerin voreinander, innere Tänzerin Front nach aussen:

B 1  Tänzer und äussere Tänzerin: (innere Tänzerin Pause)
Seitschritt rechts, und klatschen rechts aussen auf Schulterhöhe
Seitschritt links, und klatschen links aussen auf Schulterhöhe

2 Tänzer mit äusserer Tänzerin Rad rechts ↻ mit 4 Schritten

3-4 Tänzer mit innerer Tänzerin Rad links ↺ mit 8(!) Schritten
Enden mit Front zueinander

5  wie B1: Tänzer und innere Tänzerin (äussere Tänzerin Pause)

6 Tänzer mit innerer Tänzerin Rad rechts ↻ mit 4 Schritten

7 Tänzer mit äusserer Tänzerin Rad links mit 4 (!) Schritten

8 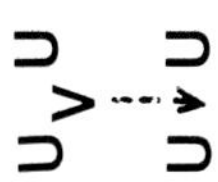 Tänzer läuft mit 4 Schritten vorwärts in die nächste vordere Gruppe

Quelle: Choreographie von Rivka Sturman, Israel ● 152

TROIKA

Russland

Ein einfacher Lauftanz mit einer anfeuernden Melodie - zum Warmlaufen und "Eisbrechen"!

Vorspiel 2 Takte ABCD ABCD ABCD ABCD ABCD ABCD

Schallplatte: Kögler SP 23 019 (wie Korobushka)

Aufstellung: Trio im Flankenkreis
Tänzer zwischen zwei Tänzerinnen
Hände gefasst

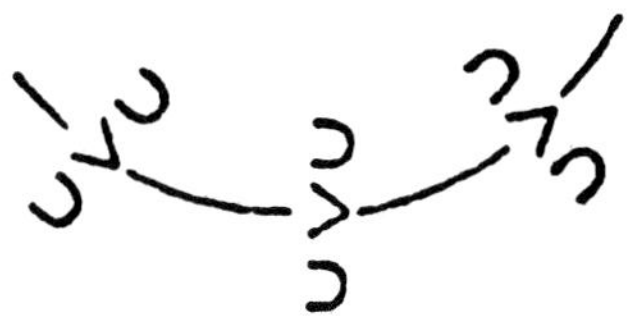

Laufen auf der Kreisbahn

A 1-4 → 16 Laufschritte vorwärts, links beginnen

Tore

B 1-2 Innere Tänzerin und Tänzer bilden Tor, Aeussere Tänzerin läuft mit 8 Schritten durch das Tor zurück auf den Platz; dabei Hände nicht lösen, d.h.: Tänzer dreht mit.

1-4 Wie B 1-2, jedoch: äussere Tänzerin und Tänzer bilden Tor, innere Tänzerin läuft mit 8 Schritten durch das Tor; am Schluss fassen zum Dreierkreis.

Kleine Kreise

C 1-4 Mit 12 Schritten Kreis ↺ links beginnen, 3 betonte Schritte an Ort ♫♩, links, rechts, links

D 1-4 Wie C 1-4, jedoch gegengleich, ↻ enden in Ausgangsstellung

Partnerwechsel

D Takt 4: Tänzer läuft mit 4 Schritten in die nächste vordere Gruppe.

Hinweis: Das Trio kann auch mit einer Tänzerin zwischen zwei Tänzern gebildet werden.

Quelle: Nach Aufzeichnungen von Rickey Holden

● 150

VIRGINIA REEL Longset USA

Ein gern getanzter Reihentanz mit vielen Figuren (komplizierter als Haymakers Jig). Ursprünglich aus England.

A B A B Cl C2 Cl c2 (4 letzte Takte von C2) D (8 Takte = 16 bisherige Takte)
A B A B Cl C2 Cl c2 E A B A B Cl C2 Cl c2

Schallplatte: SP 23017 (wie: Pop goes the weasel)

(Virginia Reel)

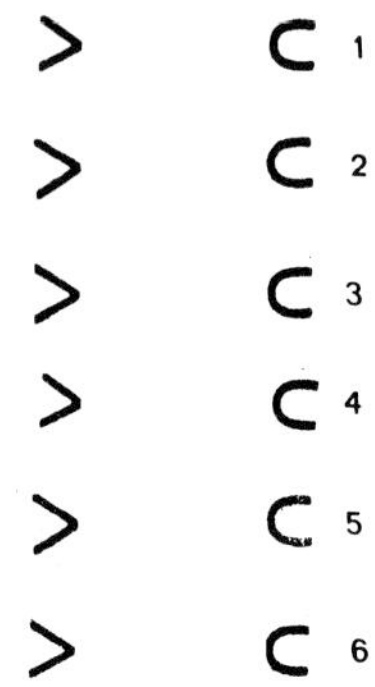

Aufstellung: In Reihen zu 6 Paaren, Partner gegenüber

			<u>Schneller Teil</u>
A	1-4		Reihen 4 Schritte vor und 4 Schritte zurück
	5-8		Handtour rechts mit Partner
B	1-4		Handtour links mit Partner
	5-8		Zweihandfassung 1/1 Drehung
A	1-4		Dos-à-Dos rechtsschultrig mit Partner
	5-8		Dos-à-Dos linksschultrig (Si-so) mit Partner
B	1-4		Paar 1 Zweihandfassung. Seitgalopp durch die Gasse. Andere Paare klatschen
	5-8		Paar 1 Seitgalopp zurück
C	1-4		Paar 1 Rad rechts 1 1/2 Drehungen
	5-6		Tänzerin 1 Rad links mit Tänzer 2. Gleichzeitig Tänzer 1 Rad links mit Tänzerin 2
	7-8		Paar 1 Rad rechts 1/1 Drehung
C2	1-8		Paar 1 tanzt in der gleichen Weise nun die Reihe hinunter, immer abwechselnd Rad links mit fremdem Partner und Rad rechts mit eigenem Partner
C	1-8		
C2	5-8		Paar 1 Zweihandfassung. Seitgalopp durch die Reihe zurück
			<u>Langsamer Teil</u>
D(E,F)	1-8	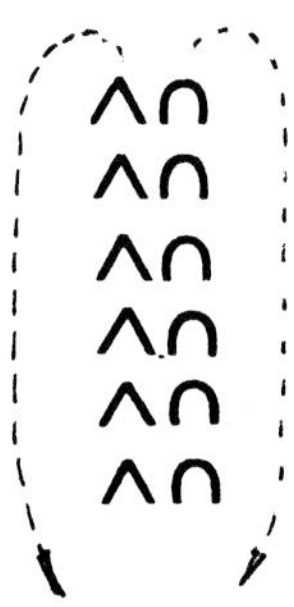	Promenade, jede Reihe für sich: Paar 1 ist nach 16 Schritten am Platz des Paares 6 angelangt. Paar 1 bildet Tor mit Zweihandfassung: Die andern Paare gehen durchs Tor und bilden die Reihen neu. Paar 2 führt an. Am Schluss Reihen in Anfangsaufstellung. Der Tanz beginnt von vorne

<u>Hinweise:</u>

- Statt Gehschritte alles mit Gleithüpfschritten (oder gewisse Teile)
- Es könnten auch 7 Paare in einer Reihe tanzen. Man müsste dann bei der "Rad-Figur" etwas eilen (oder die Si-So Figur weglassen).
- Zur Platte kann die Folge dreimal getanzt werden.

<u>Quelle:</u>

Angaben von Rickey Holden und A. Aenis.

● 153, 138

Für Tänzer mit Kontra-Erfahrung. Relativ einfache Form. (Einfacher als Virginia Reel) Trotzdem dritte und vierte Stufe.
Als Musik eignet sich jeder englische Jig!

Vorspiel 2 Takte AABB zehnmal

aktives Paar
passives Paar

aktives Paar
passives Paar

Schallplatte: FK 1139 (Beispiel) oder zyt 233 Tanzchuchi

Aufstellung: In beliebig langen Reihen, Partner gegenüber

A	1-4	4mal Balance, rechts beginnen
	5-8	Swing mit fremdem Partner 1½ Drehung (Plätze getauscht, Front zum Partner!)
A (Wh)	1-4	4mal Balance nur die aktiven Paare zwischen den Reihen
	5-8	Swing der aktiven Paare
B	1-4	4-er Reihe (Aktive in der Mitte, Passive aussen) 8 Schritte. Am Schluss einzeln ½ Drehung (Paare zueinander)
	5-8	8 Schritte zurück. Am Schluss Aufstellung in 2 Reihen
B (Wh)	1-2	Ladies chain: Tänzerinnen geben sich die rechten Hände und gehen aneinander vorbei (4 Schritte)
	3-4	Eigene Partner linke Hand fassen. Tänzer führt Tänzerin mit 4 Schritten herum
	5-8	wie Takte B(Wh) 1-4. Tänzerinnen gehen gleichen Weg zurück zum Ausgangsplatz. Aufstellung wie am Anfang, allerdings mit neuem Gegenüber in der Reihe.

An den Enden der Reihe wird ein Paar frei. Sie haben in den nächsten 32 Takten Zeit, Platz zu wechseln. Sie wechseln dabei auch die Rolle. Aus Aktiven werden Passive und umgekehrt.
Der Tanz wird in New England (USA) nicht starr getanzt. Dem Caller (er ruft immer die Figuren aus) bleibt es überlassen, z.B. einen Swing auszudehnen oder eine andere Figur einzubauen.

● 154, 138

HOLSTEINER DREITOUR

Deutschland

Einfacher Vierpaar-Tanz, ursprünglich wohl nach höfischem Vorbild. Vierpaar-Tänze werden in Norddeutschland besonders gepflegt.

Vorspiel: 8 Takte A ABC ABC ABC ABC A

Schallplatte: EP 58 615 (Vorsicht auf der Schallplattenhülle sind die Paare anders nummeriert)

Aufstellung: 4 Paare im Viereck

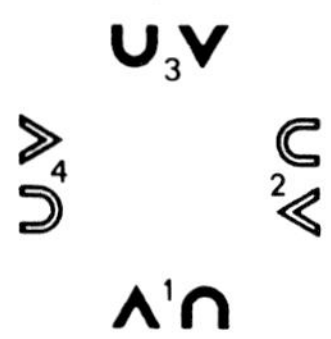

1. Figur: Vierpaarkreis

A1 1-8 ← Kreis mit 16 Schritten gegen Tanzrichtung

A1(Wh) 1-8 → Kreis mit 16 Schritten zurück

Refrain:

B1 1-4 Platzwechsel der Paare 1 und 3. Paar 1 geht durch das von Paar 3 gebildete Tor. Am Gegenplatz einzeln 1/2 Drehung zueinander Tänzerin ↻ Tänzer ↺).

5-8 Paare 1 und 3 zurück zum Ausgangsplatz. Diesmal bildet Paar 1 das Tor.

B1(Wh) 1-8 Wie B1 1-8, aber für die Paare 2 und 4

C1 1-8 Kette: Tänzer gehen in Tanzrichtung, Tänzerinnen gegen Tanzrichtung. Rechtshändig beginnen. Am Gegenplatz Handtour rechts mit eigenem Partner.

C1(Wh) 1-8 Mit Kette weiterfahren, am Ausgangsplatz wieder Handtour rechts mit eigenem Partner

2. Figur: Handtour

A2 1-8 Handtour rechts fortgesetzt mit 16 Schritten

A2(Wh) 1-8 Handtour links

B2,B2(Wh)
C2,C2(Wh) Refrain: wie nach der 1. Figur

		<u>3. Figur: Tänzerinnenkreis</u>
A3 1-8	←	16 Schritte, Tänzer klatschen
A3(Wh)1-8	→	16 Schritte zurück
B3,B3(Wh) C3,C3(Wh)		<u>Refrain:</u> wie nach der 1. Figur
		<u>4. Figur: Tänzermühle</u>
A4 1-8		Tänzer fassen zur Mühle rechts (mit der Rechten das rechte Handgelenk des Vordermannes). 16 Schritte
A4(Wh)1-8		Mühle links
B4,B4(Wh) C4,C4(Wh)		<u>Refrain:</u> wie nach der 1. Figur
		<u>Schlusskreis</u>
A5 1-8		Wie 1. Figur
A5(Wh)1-8		

Quelle: Angaben zur Schallplatte ● 156, 137

GRAND SQUARE

England / USA

In England existieren diverse Formen des Grand Square (zu unterschiedlichen Melodien). Die vorliegende Fassung fand über die USA weltweite Verbreitung.

Vorspiel 4 Takte A BB A BB A BB A

Schallplatte: Kögler SP 23200 (Grand Square, mit und ohne Call)

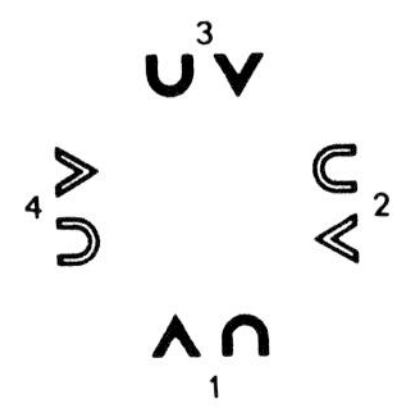

Aufstellung: Viereck
Paarweise offene Fassung

Refrain: Vierecke ("Grand Square")

Al 1

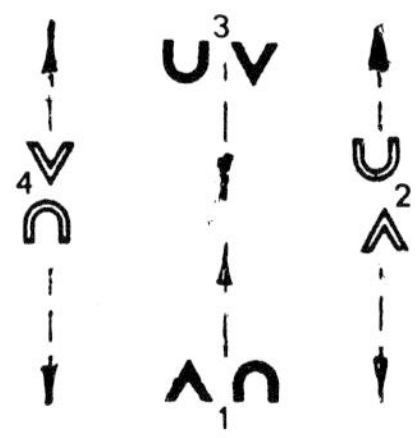

Paare 1 und 3:
4 Schritte paarweise vorwärts zur Mitte
gleichzeitig:
Paare 2 und 4:
4 Schritte rückwärts (einzeln) in die "Ecken", Partner auseinander

2

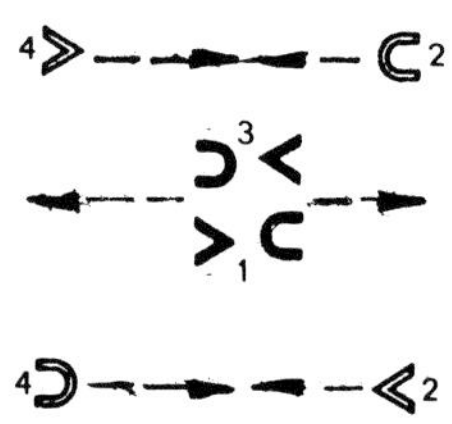

Paare 1 und 3:
4 Schritte rückwärts auf Plätze 2 und 4, mit fremdem Partner
gleichzeitig:
Paare 2 und 4:
4 Schritte vorwärts (einzeln) auf Plätze 1 und 3, fremde Partner zueinander

3

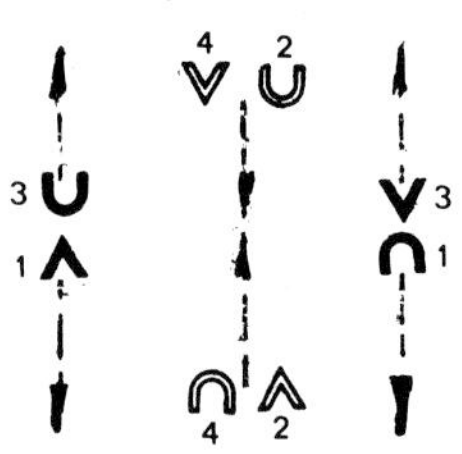

Paare 1 und 3:
4 Schritte rückwärts (einzeln) in die Ecken, fremde Partner auseinander
gleichzeitig:
Paare 2 und 4:
4 Schritte vorwärts zur Mitte, mit fremdem Partner

4

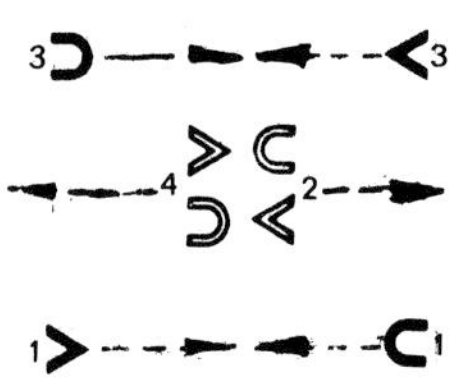

Paare 1 und 3:
4 Schritte vorwärts auf eigenen Platz, Partner zueinander
gleichzeitig:
Paare 2 und 4:
4 Schritte paarweise rückwärts auf den eigenen Platz

Hinweis:
Wie aus den Zeichnungen ersichtlich, geht jeder Tänzer innerhalb des grossen Vierecks sein "eigenes" Viereck. Beispiel für Tänzer 1, Takte 1-4:

Merke: Kehre nie jemandem den Rücken zu.

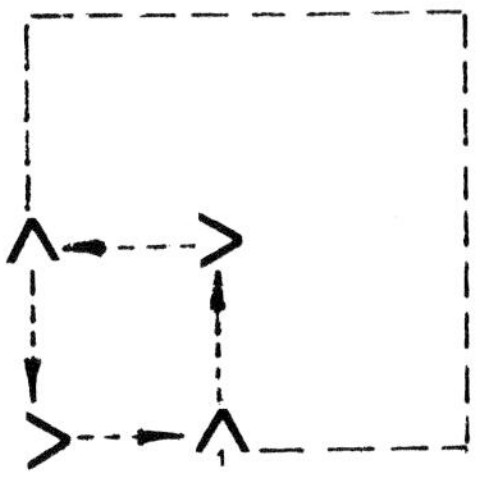

5-8 — Vierecke gegengleich
den Weg mit 4mal 4 Schritten in umgekehrter Reihenfolge zurückgehen:
Paare 1 und 3 entsprechend Paare 2 und 4 in A1 1-4, beginnen also rückwärts in die "Ecken", Partner auseinander
Paare 2 und 4 entsprechend Paare 1 und 3 in A1 1-4 beginnen also vorwärts zur Mitte, grüssen

1. Figur: Paarkette ("Right and left through")

B1 1

Paare 1 und 3 Paarkette:
Mit 4 Schritten: vorwärts zur Mitte, mit fremdem Partner rechte Hand fassen und zwischen einander durchgehen (siehe "La Triomphante")

2

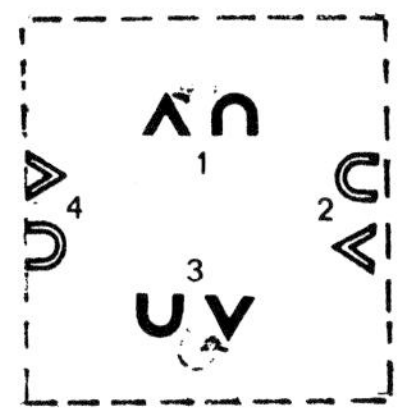

Mit 4 Schritten auf dem fremden Platz als Paar 1/2 Drehung ↻, Partner linke Hände gefasst, Tänzer rechte Hand auf rechter Hüfte der Tänzerin

3-4 — Paarkette zurück:
Wie B1 1-2 Paare 1 und 3 von fremdem zurück auf eigenen Platz

5-8 — Paare 2 und 4 Paarkette entsprechend B 1 1-4

B1(Wh) 1-4

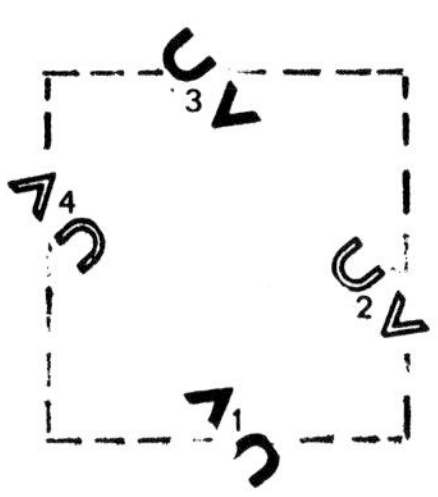

Paare 1 und 2 Paarkette in der Diagonale, hin und zurück gleichzeitig:
Paare 3 und 4 Paarkette in der Diagonale, hin und zurück

5-8

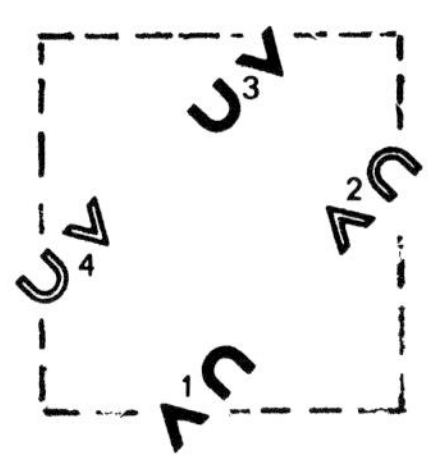

Paare 1 und 4 Paarkette in der Diagonale, hin und zurück gleichzeitig:
Paare 2 und 3 Paarkette in der Diagonale, hin und zurück

A2 1-8 — Refrain: Vierecke wie A1 1-8

(Grand Square)

2. Figur: Damenkette ("Ladies chain")

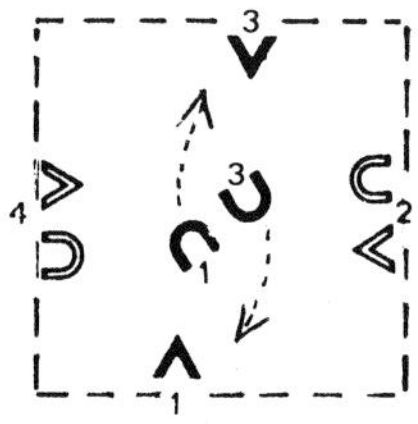

B2 1 — Paare 1 und 3 Damenkette:
Während 4 Schritten gehen die Tänzerinnen aufeinander zu, geben sich die rechten Hände und gehen aneinander vorbei

2 — Mit 4 Schritten mit dem fremden Tänzer 1/2 Drehung ↺ entsprechend B1 3-4 (Paarkette)

3-4 — Damenkette zurück:
Wie B2 1-4 Tänzerinnen vom fremden zurück auf den eigenen Platz

5-8 — Paare 2 und 4 Damenkette entsprechend B2 1-4

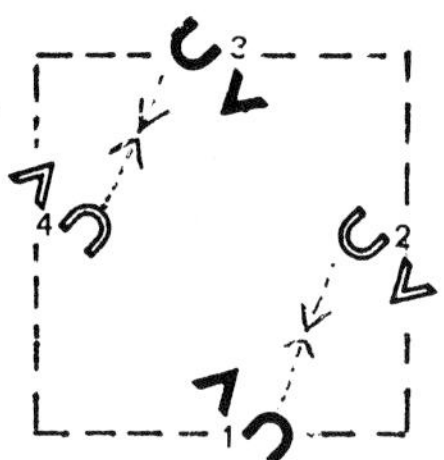

B2(Wh) 1-4 — Paare 1 und 2 Damenkette in der Diagonale, hin und zurück
gleichzeitig:
Paare 3 und 4 Damenkette in der Diagonale, hin und zurück

5-8 — Paare 1 und 4 Damenkette in der Diagonale, hin und zurück
gleichzeitig:
Paare 2 und 3 Damenkette in der Diagonale, hin und zurück

A3 1-8 — Refrain: Vierecke wie A1 1-8

3. Figur: Halbe Promenade ("Half promenade"):

B3 1 — Paare 1 und 3 Halbe Promenade:
Kreuzfassung; mit 4 Schritten gehen die Paare rechts ausweichend aneinander vorbei

2 — Mit 4 Schritten auf dem fremden Platz als Paar 1/2 Drehung ↺, (Kreuzfassung beibehalten)

3-4 — Mit Paarkette zurück:
Wie B1 3-4 Paare 1 und 3 vom fremden zurück auf eigenen Platz

5-8 — Paare 2 und 4 Halbe Promenade und Paarkette entsprechend B3 1-4

B3(Wh) 1-4 — Paare 1 und 2 Halbe Promenade und Paarkette in der Diagonale
gleichzeitig:
Paare 3 und 4 Halbe Promenade und Paarkette in der Diagonale

5-8 — Paare 1 und 4 Halbe Promenade und Paarkette in der Diagonale
gleichzeitig:
Paare 2 und 3 Halbe Promenade und Paarkette in der Diagonale

A4 1-8 — Refrain: Vierecke wie A1 1-8

● 154, 138

LA CROISEE — Wallis

Vierpaar-Tanz, aus ursprünglich höfischer Tanzform entstanden (Söldner!). Die lustige Musik ist möglicherweise älter als der Tanz.

Schallplatte: 048-76 142 (LP) und weitere Tänze aus dem Welschland
oder zyt 233 Tanzchuchi

Aufstellung: 4 Paare im Viereck

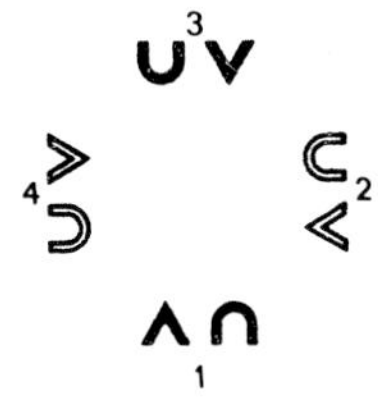

1. Figur: Platzwechsel gegenüber
Gewöhnliche Fassung

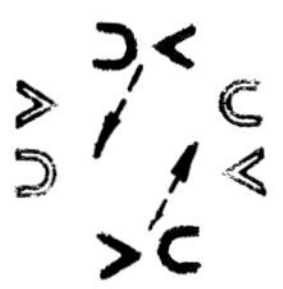

A1	1-2	Paare 1 und 3 Platzwechsel (rechts ausweichen) mit 4 Seitgaloppschritten
	3-4	Mit 4 Schritten 1/2 Drehung ↻ an Ort
	5-8	Wie Takte 1-4 aber für die Paare 2 und 4
B1	1	Refrain: Alle 4 Paare mit 2 Seitgaloppschritten zur Mitte
	2	Mit einem Schritt und Schlusstritt 1/4 Drehung ↻
	3	Alle Paare mit 2 Seitgaloppschritten nach aussen, Paar 1 auf den Platz von Paar 2 usw. (alle um ein Viertel weiter)
	4	1 Seitschritt und Schlusstritt nach aussen
	5-8	Wie Takte B 1-4. Am Schluss stehen alle Paare auf dem Gegenplatz.
B1(Wh)	1-8	Wie Takte B 1-8. Am Schluss sind alle wieder auf dem Ausgangsplatz.

2. Figur: Zur Mitte und zurück

A2 1-2 Paare 1 und 3 zur Mitte mit 2 Seitgaloppschritten, Seitschritt und Schlusstritt gestampft, dabei ausgestreckte Arme anwinkeln.

3-4 Paare 1 und 3 zurück nach aussen. Gleiche Schrittfolge, aber ohne Stampfer.

5-8 Wie Takte A2 1-4, aber für die Paare 2 und 4

B2 1-8
B2 (Wh) 1-8 Refrain: Wie nach der 1. Figur

3. Figur: Mädchentausch:

A3 1 Paare 1 und 3 zur Mitte mit 2 Seitgaloppschritten

2  Fassung lösen. Burschen Seitschritt links und Schlusstritt rechts. Mädchen mit einem Schritt rechts 1/2 Drehung (Mädchen Blickkontakt!)

3-4 Mit den vertauschten Mädchen nach aussen mit 2 Seitgaloppschritten, 1 Seitschritt und Schlusstritt.

5-8 Wie A3 1-4, aber für die Paare 2 und 4

B3 1-8
B3 (Wh) 1-8 Refrain: Wie nach der 1. Figur

4. Figur: Burschentausch:

A4 1-4  Paare 1 und 3 wie Takte A3 1-4, aber Tausch der Burschen. Burschen wechseln in der Mitte mit einem Schritt links und 1/2 Wendung zum eigenen Mädchen hinüber.

5-8 Wie Takte A4 1-4, aber für die Paare 2 und 4

B4 1-8
B4 (Wh) 1-6 Refrain: Wie nach der 1. Figur.

7-8 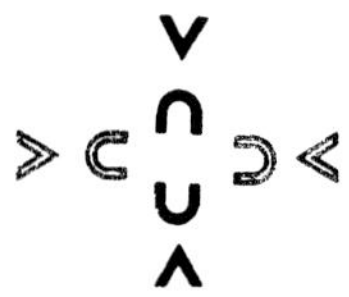 Die Mädchen bleiben in der Mitte, Blick nach aussen. Die Burschen drehen einzeln mit 4 Schritten hinaus zum Ausgangsplatz. Verbeugung.

Quelle:
Schweiz. Trachtenvereinigung

● 157, 138

Bemerkung: Die Wallisertänze in Vierecksformation werden in der Diagonale aufgestellt.

LA FOLIE A LA MODE   Kontratanz

Frankreich
18. Jahrh.

Getanzt am Hof Ludwigs XV. Durch Schweizer Söldneroffiziere mitgebracht und aufgezeichnet.

Vorspiel: A Takte 5-8   ABCDE ABCDE A

Schallplatte: 048-76 146 (LP) und weitere Kontratänze
oder zyt 233 Tanzchuchi

Aufstellung: 4 Paare im Viereck

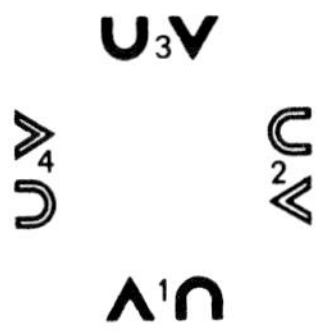

A1   1-8   Kreis Während des Vorspiels Hände fassen. Mit 16 Schritten einmal herum, rechts beginnen →

B1   1-2   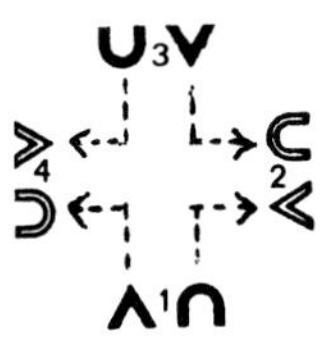   Partnerwechsel und Visite Paare 1 und 3 mit 4 Schritten vorwärts

3-4   Herr 1 geht mit Dame 3 vor Paar 4. (Auf den 4. Schritt immer ein Nicken der Herren und ein kleiner Knicks der Damen als Begrüssung). Gleichzeitig: Herr 3 mit Dame 1 vor Paar 2.

5-6   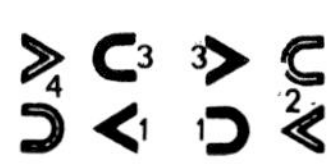   1/2 Drehung ↻ der Paare H1/D3 und H3/D1 an Ort. (mit 4 Schritten)

7-8   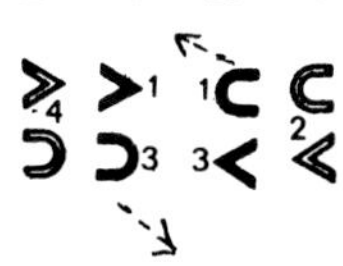   Mit 4 Schritten Rückkehr seitlich an die Plätze der Herren (mit der fremden Dame).

C1   1-8   Partnerwechsel und Visite wie B1, jedoch Paare 2 und 4

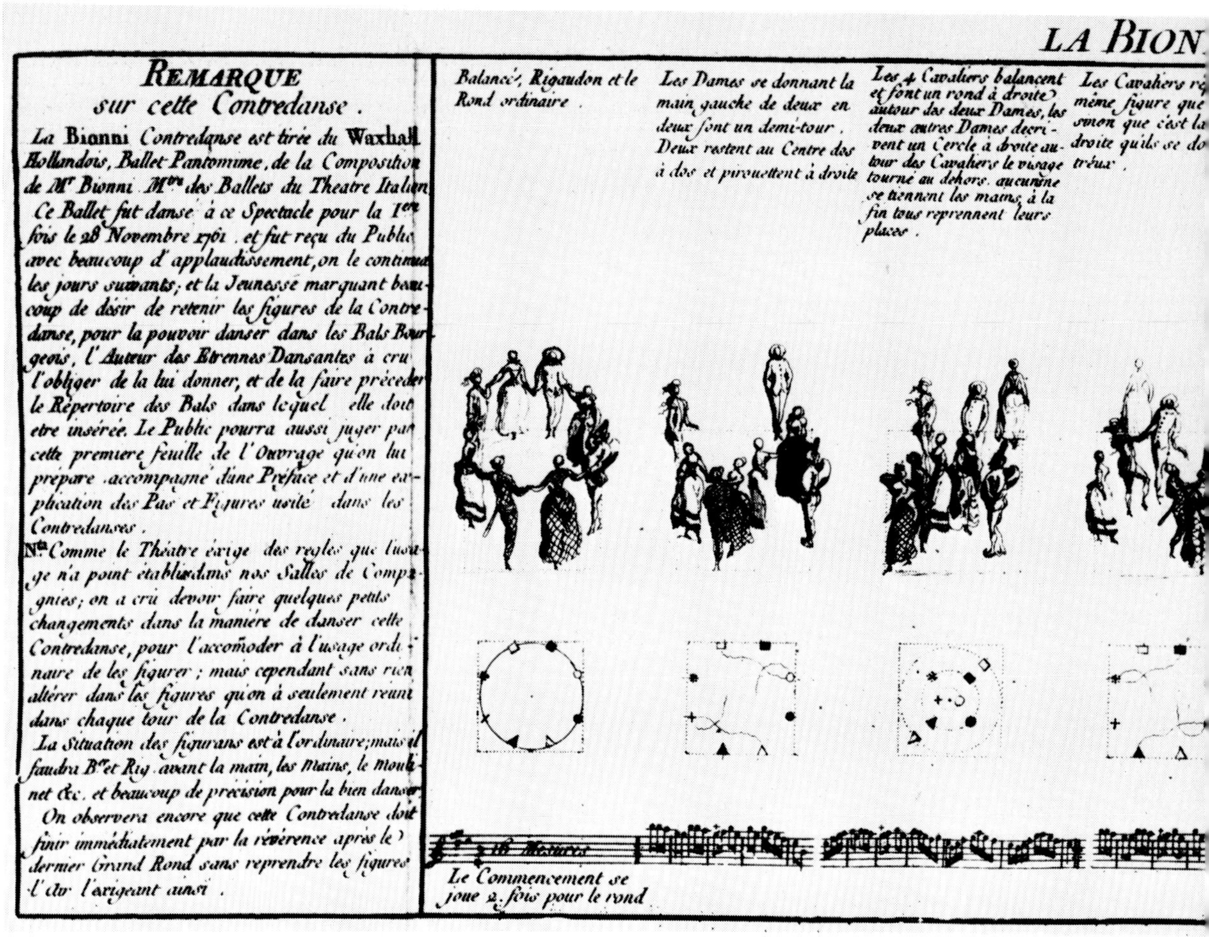

LA BION

REMARQUE
sur cette Contredanse.

La Bionni Contredanse est tirée du Waxhall Hollandois, Ballet Pantomime, de la Composition de Mr Bionni Mtre des Ballets du Theatre Italien.
Ce Ballet fut danse à ce Spectacle pour la 1ere fois le 28 Novembre 1761. et fut reçu du Public avec beaucoup d'applaudissement, on le continua les jours suivants; et la Jeunesse marquant beaucoup de desir de retenir les figures de la Contredanse, pour la pouvoir danser dans les Bals Bourgeois, l'Auteur des Etrennes Dansantes à cru l'obliger de la lui donner, et de la faire preceder le Repertoire des Bals dans lequel elle doit etre inserée. Le Public pourra aussi juger par cette premiere feuille de l'Ouvrage qu'on lui prepare accompagné d'une Preface et d'une explication des Pas et Figures usité dans les Contredanses.
Nta Comme le Théatre exige des regles que l'usage n'a point établi dans nos Salles de Compagnies; on a crû devoir faire quelques petits changements dans la maniere de danser cette Contredanse, pour l'accomoder à l'usage ordinaire de les figurer; mais cependant sans rien altérer dans les figures qu'on à seulement reuni dans chaque tour de la Contredanse.
La Situation des figurans est à l'ordinaire; mais il faudra Bce et Rig avant la main, les Mains, le Moulinet &c. et beaucoup de precision pour la bien danser.
On observera encore que cette Contredanse doit finir immédiatement par la réverence après le dernier Grand Rond sans reprendre les figures l'Air l'exigeant ainsi.

Balancé, Rigaudon et le Rond ordinaire.

Les Dames se donnant la main gauche de deux en deux font un demi-tour. Deux restent au Centre dos à dos et pirouettent à droite

Les 4 Cavaliers balancent et font un rond à droite autour des deux Dames, les deux autres Dames decrivent un Cercle à droite autour des Cavaliers le visage tourné au dehors. aucune ne se tiennent les mains, à la fin tous reprennent leurs places.

Les Cavaliers re[…] même figure que […] sinon que c'est la […] droite qu'ils se do[…] trêux.

16 Mesures

Le Commencement se joue 2 fois pour le rond.

(La Folie à la Mode)

D1 1-8 Brezel. Die Herren 1 und 3 mit den fremden Damen gehen
E1 1-8 gleichzeitig um das jeweilige Paar zu ihrer Rechten, anschliessend um das Paar zur Linken und zurück auf den Ausgangsplatz, 32 Schritte.

A2 1-8 Brezel Die Herren 2 und 4 mit den fremden Damen
B2 1-8

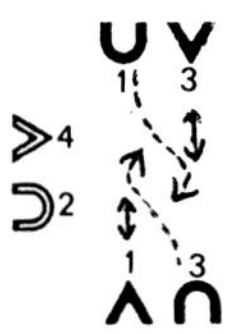

C2 1-2 Damentausch Die Herren 1 und 3 mit den fremden Damen vorwärts zueinander. Auf den 4. Schritt fassen sich die Damen kurz rechts und wechseln, auf dem linken Fuss drehend ↻ an die Seite ihres Partners hinüber.

3-4 Paar 1 und 3 rückwärts an ihre Plätze

5-8 Wie C2 1-4. Damen 2 und 4 kehren zu ihren Partnern zurück.

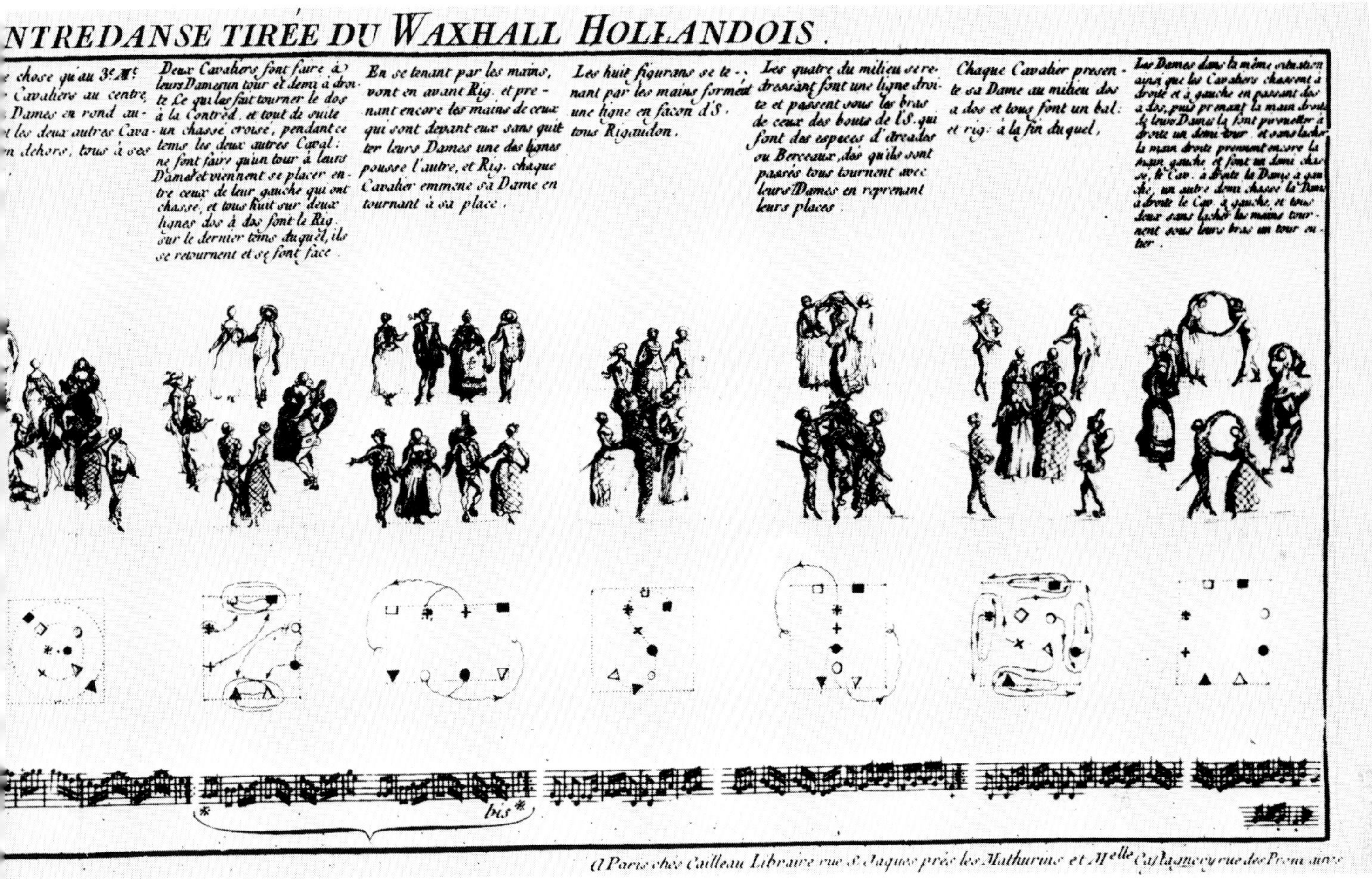

D2	1-4	Damenmühle und Herrenrunde: Die 4 Damen fassen sich rechts übers Kreuz. 1/2 Mühle mit 8 Schritten. Gleichzeitig alle Herren mit 8 Schritten 1/2 Umgang um die Damen.
	5-8	Auf dem Gegenplatz: mit der eigenen Dame Handtour links. Eine 1/1 Drehung ↻ mit 8 Schritten.
E2	1-8	Damenmühle und Herrenrunde wie D2 1-8, zum Ausgangsplatz zurück.

Schlussfigur

A3	1	- Wiegen ohne Fassung. Wiegeschritt rechts seitwärts (Schritt rechts seitwärts, linken Fuss leicht auf die Spitze setzen neben dem rechten Standbein.)
	2	- Wiegeschritt links seitwärts
	3-4	- wie A3 1-2
	5-7	- Handtour rechts mit 6 Schritten einmal um
	8	- Reverenz (Paarweise voreinander, ohne Fassung) Dame Schritt rechts rückwärts und Knicks mit aufrechtem Oberkörper; Herr Schritt rechts rückwärts und Verneigung aus der Hüfte, Oberkörper gestreckt.

Hinweis:

Siehe Anmerkungen zu "La Triomphante"

Quelle:

Chiantun verd, Schweiz. Trachtenvereinigung

● 159, 138

LA TRIOMPHANTE Kontratanz

Frankreich
18. Jahrh.

Getanzt am Hof Ludwigs XV. Durch Schweizer Söldneroffiziere mitgebracht und aufgezeichnet.

Vorspiel: 4 Takte ABC ABC AB

Schallplatte: 048-76 146 (LP) und weitere Kontratänze
oder zyt 233 Tanzchuchi

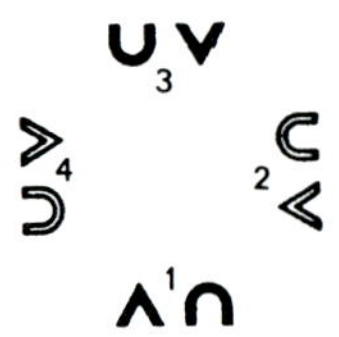

Aufstellung: 4 Paare im Viereck

A1 1-8 Kreis. Während des Vorspiels Hände fassen. Mit 16 Schritten einmal um, rechts beginnen, →

Zwei kleine Kreise

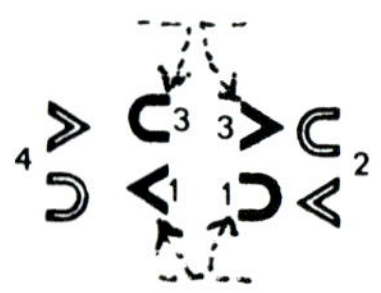

B1 1-2 Herr 1 und Dame 3 gehen mit 4 Schritten vor Paar 4. Gleichzeitig Herr 3 und Dame 1 mit 4 Schritten vor Paar 2.

3-6 Handfassung zu zwei kleinen Kreisen auf dem Platz der Paare 2 und 4. Mit 8 Schritten einmal um.

7-8 Hände lösen zwischen Herr 1 und Dame 3, bzw. zwischen Herr 3 und Dame 1 und aufstellen in zwei Reihen bei Paar 2 und 4.

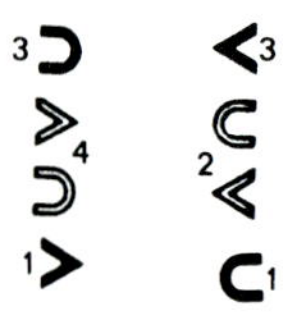

C1 1-2 Reihen vor, mit 4 Schritten

3-4 Paare 1 und 3 bleiben am Platz und stellen sich mit 4 Schritten zur Promenade auf. Gleichzeitig Paare 2 und 4 mit 4 Schritten auf ihren Platz zurück; aufstellen zur Promenade.

5-8 Promenade. Mit 8 Schritten auf den Gegenplatz, →

A2 1-2  <u>Paarkette, Paare 1 und 3</u> (Platzwechsel). Die zwei Paare gehen mit 4 Schritten aufeinander zu, fassen die Rechte des Gegenpartners und gehen zwischeneinander durch, die Herren "aussen", die Damen "innen".

3-4 Nach dem Durchgang fassen sich die Partner links, lösen die rechten Hände und gehen mit 1/2 Drehung ↻ und 4 Schritten wieder auf den Ausgangsplatz.

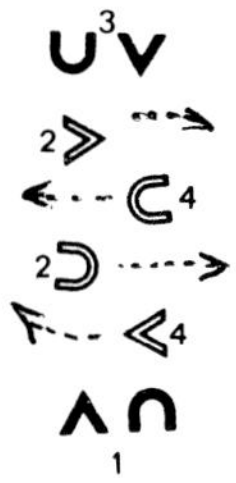

5-8 <u>Paarkette Paare 2 und 4,</u> zurück zum Ausgangsplatz

B2 1-8 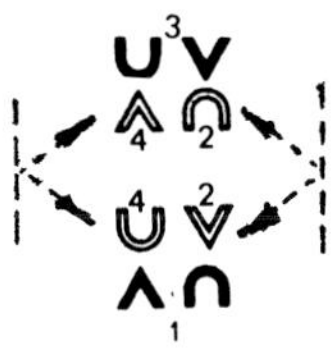 <u>Zwei kleine Kreise</u> auf dem Platz der Paare 1 und 3. Entsprechend B1
Zum Schluss Aufstellung zu zwei Reihen bei den Paaren 1 und 3.

C2 1-8  <u>Reihen und Promenade.</u> Wie C1. Reihen 4 Schritte vor. Paare 2 und 4 bleiben am Platz und stellen sich mit 4 Schritten zur Promenade auf. Gleichzeitig Paare 1 und 3 mit 4 Schritten auf ihren Platz zurück, aufstellen zur Promenade.
Promenade. Mit 8 Schritten auf den Gegenplatz.

A3 1-4 <u>Paarkette</u> der Paare 2 und 4
5-8 der Paare 1 und 3

B3

<u>Schlussfigur:</u>

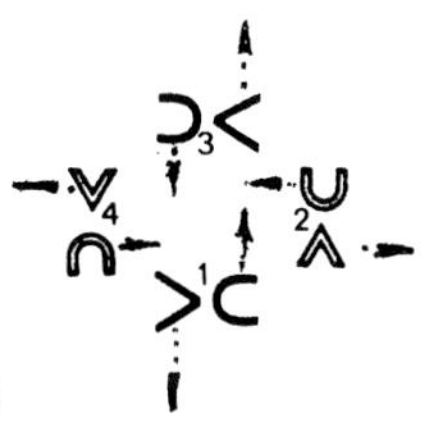

1 - <u>Wiegen</u> ohne Fassung. Wiegeschritt rechts seitwärts (Schritt rechts seitwärts, linken Fuss leicht auf die Spitze setzen neben dem rechten Standbein).
2 Wiegeschritt links seitwärts
3-4 wie B3 1-2
5-7 - <u>Handtour rechts</u> mit 6 Schritten einmal um.
8 - <u>Reverenz</u> (Paarweise voreinander, ohne Fassung)
Dame ein Schritt rechts rückwärts und Knicks mit aufrechtem Oberkörper, Herr Schritt rechts rückwärts und Verneigung aus der Hüfte. Oberkörper gestreckt.

<u>Quelle:</u>
Chiantun verd, Schweiz. Trachtenvereinigung

<u>Beachte:</u>
Jede Tanzfigur wird mit dem rechten Fuss begonnen.
Beim Zusammentreffen der beiden Reihen erfolgt auf den 4. Schritt ein Nicken der Herren und ein kleiner Knicks der Damen.
Das Gewicht des Körpers liegt beim Gehen mehr auf den Fussballen als auf den Fersen. Sehr aufrechte Körperhaltung!
Fassung: Der Herr hält mit der rechten Hand die linke der Dame in Schulterhöhe. Der Herr lässt die freie Hand lose hängen, die Dame fasst mit der freien Hand den Rock.
Ganz allgemein ist auf ein höfliches Begegnen und Trennen der Partner und Paare zu achten.

● 158, 138

La Triomphante
ABC ABC AB
♩ = 96
Satz: P. Gmünder
Fine
Fine
Fine
Vorspiel
Vorspiel

▶ 162

POLONAISE

Die Polonaise hat ihre Wurzeln in Polen. Sie wird schon im 17. Jahrhundert erwähnt und hatte ihre Blütezeit im 19. Jahrhundert. Vorerst blieb sie ein höfischer Tanz. Der Figurenschatz stammt aus uraltem Reigengut (vergleiche z.B. die Farandole aus Südfrankreich).

Meist werden Märsche dazu gespielt, oder Wanderlieder gesungen. Besonders reizvoll sind aber auch langsame Dreitakte, wie sie besonders im 18. Jahrhundert üblich waren.

Die Polonaise ist ein festlicher Aufzug zum Tanz. Auf geometrischen Wegen wird der Raum durchschritten, wobei sich viele Begegnungsmöglichkeiten bieten.

Meist beginnt eine Polonaise mit einer Promenade paarweise in der Umzugsbahn und endet im Kreis.

Einzelfiguren können beliebig aufeinanderfolgen.

Trennen

der Paare

der 4er-Reihen

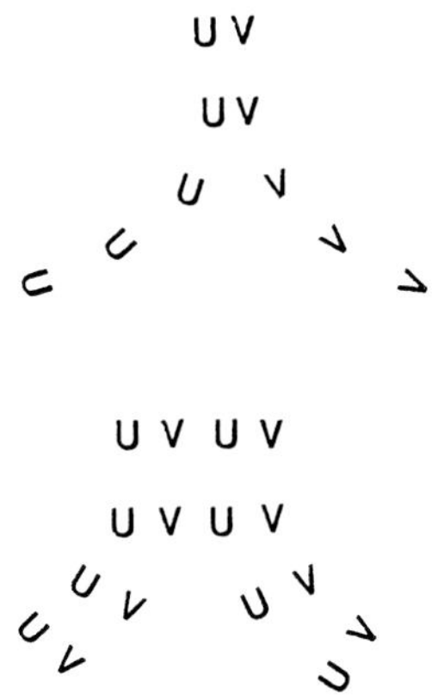

der 8er-Reihen usw.

Zusammenschliessen

der Paare

der 4er-Reihen

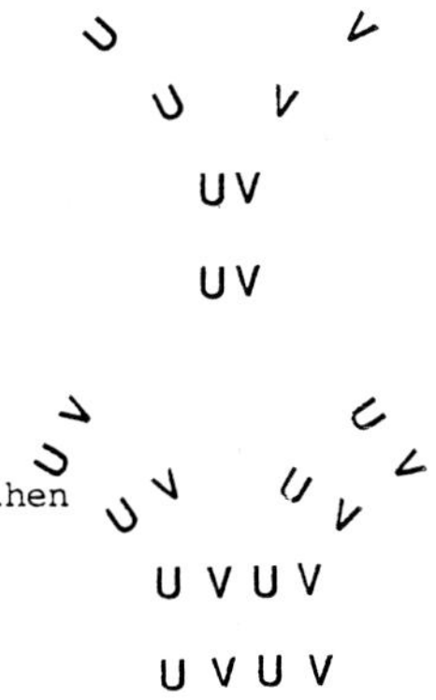

der 8er-Reihen usw.

Abschwenken

Erste Reihe schwenkt immer nach links

der Paare

der 4er-Reihen

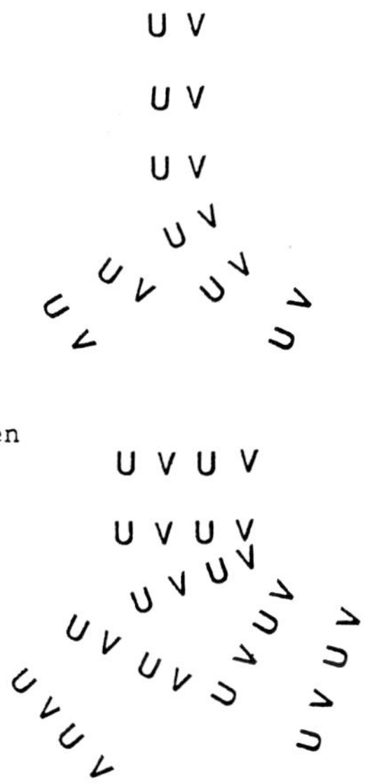

der 8er-Reihen usw.

Einschwenken

der Paare

der 4er-Reihen

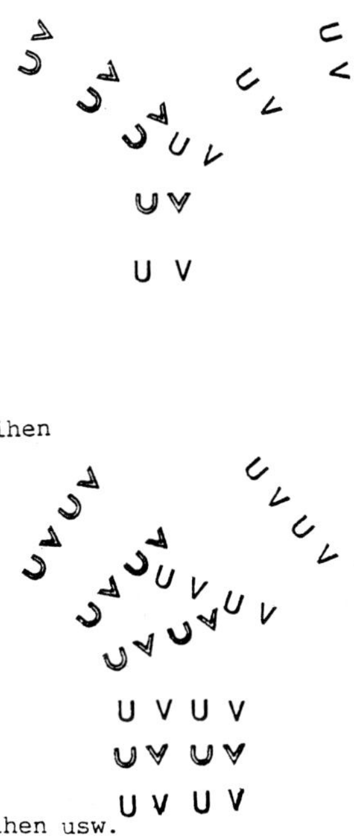

der 8er-Reihen usw.

(Polonaise)

Vorbeimarsch

Einerkolonnen

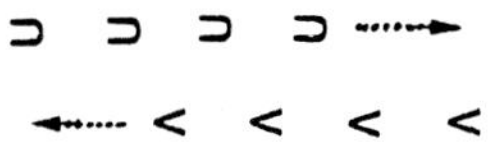

Paarkolonnen

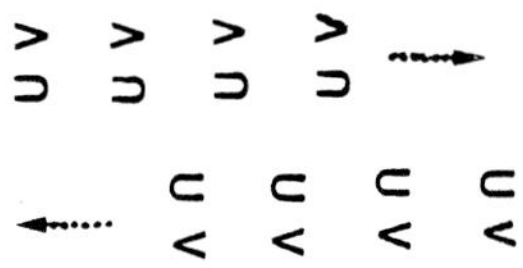

Ketten (brauchen viel Platz, relativ grosse Abstände!)

einfache

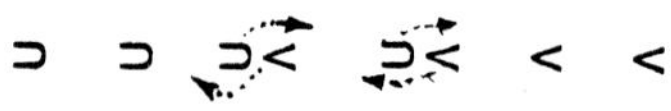

doppelte

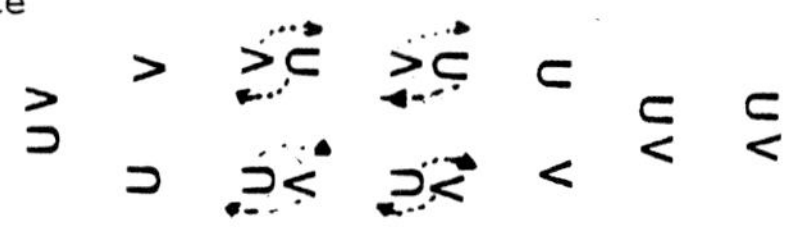

Die entgegenkommenden Partner geben sich abwechselnd die rechten und linken Hände.

Durchmarsch

Kolonne getrennt

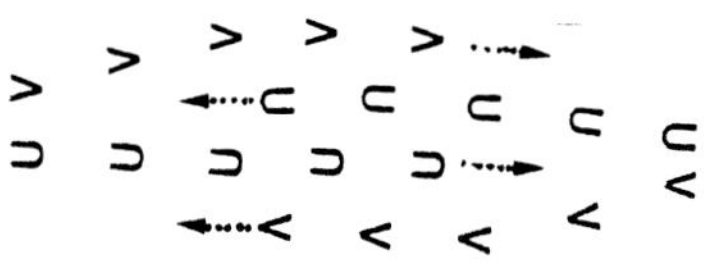

Gasse

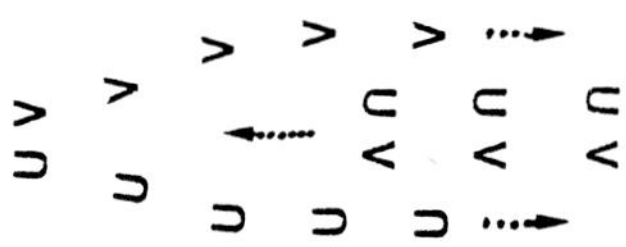

auch mit Handfassung (Tore)

Weberschiffchen

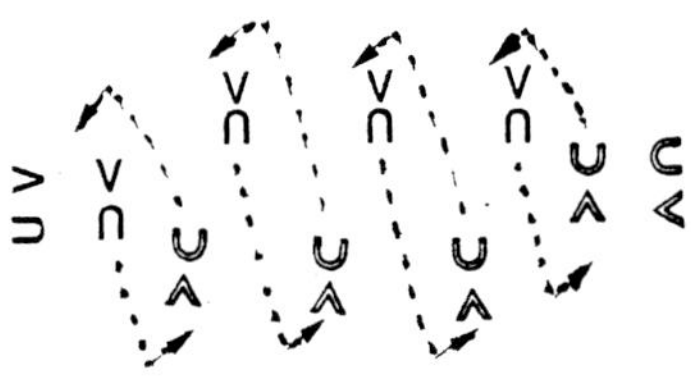

Zur Zweihandfassung schliessen.
4 Schritte für jede Bewegung.
Nur für geübte Tänzer.

Wellengang

Aehnlich wie oben, aber "Tore bilden" und "durchschlüpfen" abwechselnd

Goldene Brücke

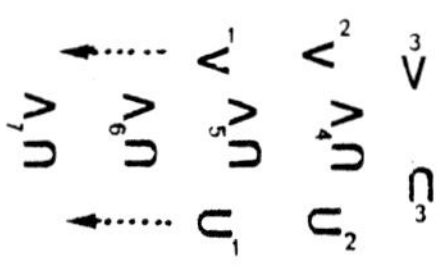

Mit oder ohne Handfassung. Hinten schliesst das 1. Paar wieder an.

Laubengang

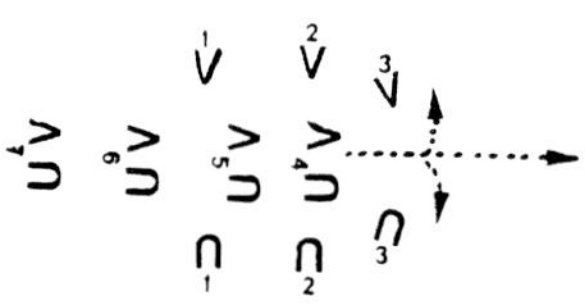

Die Paare stellen sich getrennt neben die Kolonne. Das 1. Paar schliesst hinten an das letzte an und marschiert wieder nach vorn.

Schlange

Immer am linken Flügel jeder Reihe schliesst der Tänzer an die Schlange an.

(Polonaise)

Durchfädeln

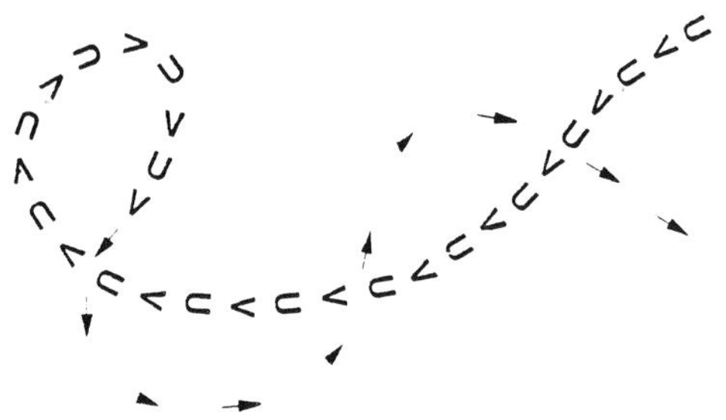

Wichtig: Es müssen alle in der Fortbewegung bleiben.
(Nicht für allzu grosse Gruppen)

Schnecke

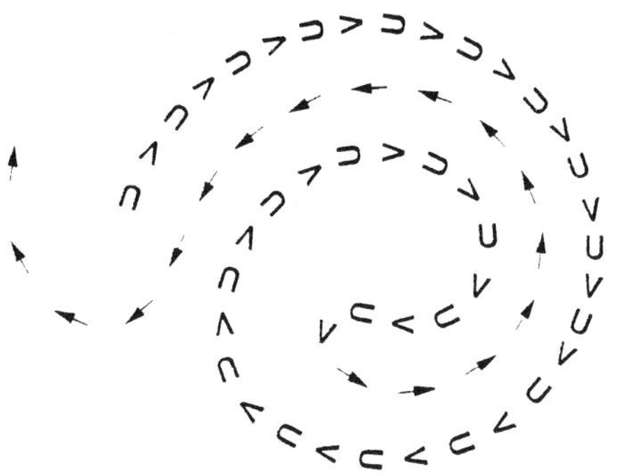

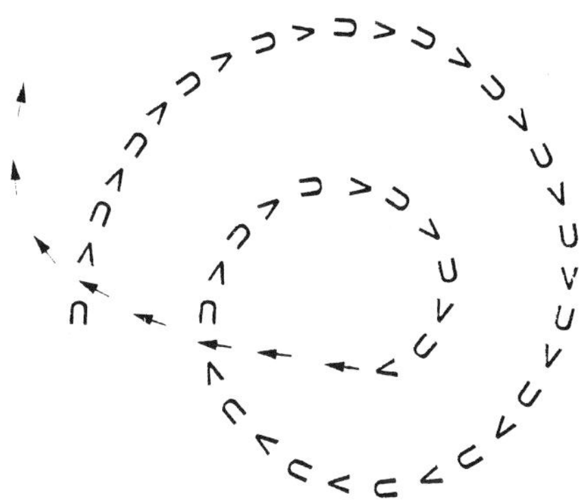

Der erste Tänzer wendet in der Mitte und geht denselben Weg zurück und auf die Umzugsbahn.

Der erste Tänzer geht quer durch die Reihen nach aussen und auf die Umzugsbahn. Keine Handfassung lösen.

Beispiele von Polonaisen: Die Figuren müssen nicht mit den Phasen der Musik übereinstimmen.

Als Orientierungshilfe:

F	E	D
G	M	C
H	A	B

1) Sehr einfach, für Unterstufe oder Anfänger

- Promenade zu zweien Umzugsbahn
- Durch die Mitte von A nach E
- Trennen der Paare bei E
- Vorbeimarsch Einerkolonnen bei A
- Zusammenschliessen der Paare bei E
- Abschwenken der Paare bei A
- Zusammenschliessen der 4er-Reihen bei E
- evtl. weiter abschwenken und zusammenschliessen, je nach Teilnehmerzahl
- Schlange
- Schlusskreis

2) Polonaise für geübtere Tänzer

- Promenade zu zweien auf der Umzugsbahn
- Durch die Mitte von A nach E
- Abschwenken der Paare bei E
- Durchmarsch (Gasse) bei A
- Wellengang bei E
- Zusammenschliessen zu 4er-Reihen bei A
- Trennen der 4er-Reihe bei E
- Von D und F aus gegen die Mitte (Diagonale)
- In der Mitte Reissverschluss
- Von H und B aus gegen A
- Durchmarsch, Kolonnen getrennt bei A
- Von B und H aus gegen die Mitte Reissverschluss
- Von F und D aus gegen E
- Einschwenken der Paare bei E
- Goldene Brücke, bei A beginnen mit Handfassung, zurück zu E
- Laubengang bei E beginnen
- Durchfädeln. Zuerst durch die Gasse, am Schluss zum Kreis.

Hinweise:
Polonaisen bieten unendlich viele Möglichkeiten. Geübtere Schüler können selber Folgen zusammenstellen.

Wichtig ist, dass die Tänzer die einzelnen Figuren kennen (einzeln einüben). Hier ist nur eine Auswahl von Figuren vorgestellt. Jedermann kann weitere Figuren "erfinden".

Quelle:
H. Wirth, E. Spiegelberg; Schweiz. Trachtenvereinigung.

Empfehlenswerte Schallplatten: Fidula 1174: Bach-Beat
1192: Yankee Doodle
Kögler EP 56911 Dreitakt

URI ZION "Erwache Zion" Israel

Dieser temperamentvolle Tanz mit dem typischen Grapevineschritt eignet sich besonders für Schüler der dritten und vierten Stufe.

Vorspiel 2 Takte AB AB AC A und 4 Takte

Schallplatte: Hed-Arzi 581 (wie Hora Hassidith, Te ve orez, Haya Ze Bassadeh, Sharm-a-Sheikh)

Aufstellung: Frontkreis ohne Partner
V-Position

				Kreis bewegt sich nach rechts
A	1	Λ	→	Grapevine mit 4 Schritten: Kreuzschritt links vor rechts, Seitschritt rechts, Kreuzschritt links hinter rechts, Seitschritt rechts
	2	>	→	Schritt-Hop links Schritt-Hop rechts
	3-4			wie A 1-2
	5-8			wie A 1-4, 3mal wiederholen, total 4mal
				Kreis bewegt sich nach links
B	1	Λ		Gewichtsverlagerung links seitwärts Gewichtsverlagerung rechts seitwärts
	2	Λ	←	Leichter Sprung links seitwärts Kreuzschritt rechts vor links Wiederholen: Sprung links, Kreuzschritt rechts
	3-4			wie B 1-2
	5-6			wie B 1-2
	7			wie B 1
	8	>	→	4 Laufschritte, links beginnen, dazu 4mal klatschen

Quelle:
Choreographie Rivka Sturman, Israel

● 163, 161

HORA NIRKODA "Lasst uns tanzen...." Israel

... eine Aufforderung, der man nur nachkommen kann! Die herbe, temperamentvolle Melodie bringt Fluss und Tempo in die Bewegung. Der Tanz - ein "Verwandter" des "Uri Zion" - ist für die dritte und vierte Stufe gedacht.

Vorspiel 2 Takte AB AB AB AB AB und 3 Takte

Schallplatte: Hed-Arzi MN 529 (wie Hashual, Zamar Noded, Machar)

Aufstellung: Frontkreis ohne Partner
V - Position

				Kreis bewegt sich nach links
A	1	Λ	←	Grapevine mit 4 Schritten: Kreuzschritt rechts vor links Seitschritt links Kreuzschritt rechts hinter links Seitschritt links
	2			wie A 1
	3	Λ	↑	Schritt-Hop rechts, Schritt-Hop links vorwärts zur Mitte, dabei Arme heben
	4	Λ	↓	4 Schritte rückwärts rechts, links, rechts, links, dabei Arme senken
	5-8			wie A 1-4
				Kreis bewegt sich nach rechts
B	1	Λ	→	Sprung rechts seitwärts Kreuzschritt links vor rechts Sprung rechts seitwärts Kreuzschritt links vor rechts, Hände lösen
	2	Λ		4 Schritte nach rechts: rechts, links, rechts, links, dabei 1/1 Drehung ↻
	3	Λ		Hände gefasst, Arme hoch: Gewichtsverlagerung rechts seitwärts Gewichtsverlagerung links seitwärts
	4			Oberkörper vorgebeugt, Arme gesenkt: Mit 4 Schritten an Ort Körper wieder aufrichten Arme dabei heben und 4mal klatschen.
	5-8			Wie B 1-4

Hinweis:
"Hora Nirkoda" besteht aus den gleichen Grundschritten wie "Uri Zion" und weist einen sehr ähnlichen Ablauf auf.

Quelle:
Choreographie von Yoav Ashriel, Israel ● 164, 161

Das Reizvolle in diesem Tanz: ein ruhiger und ein lebhafter Teil heben sich in Musik und Bewegung ganz deutlich von einander ab. Ein Tanz für Schüler der dritten und vierten Stufe.

Vorspiel: 2 Takte AAABBB AAABBB AAABBB

Schallplatte: Hed-Arzi MN 581 (wie Uri Zion, Te ve'orez, Haya Ze Bassadeh,

Aufstellung: Frontkreis, keine Partner
V-Position

Ruhiger Teil:

A	1	∧	→	Grapevine mit 4 Schritten: Kreuzschritt links vor rechts, Seitschritt rechts, Kreuzschritt links hinter rechts, Seitschritt rechts
	2	∧		Kreuzschritt links vor rechts, Seitschritt rechts "schnelle" Gewichtsverlagerung links seitwärts und rechts seitwärts (♩ ♩)
	3			Wie A 1
	4			"Langsame" Gewichtsverlagerung links seitwärts und rechts seitwärts (𝅗𝅥 𝅗𝅥) dabei gehobene Arme etwas nach links, dann etwas nach rechts seitwärts nachstrecken (Vgl. nach Aepfeln greifen....)
A(1.Wh)	1-4			Wie A 1-4
A(2.Wh)	1-4			Wie A 1-4 Total also 3mal!

Lebhafter Teil:

B	1	>	→	4 Laufschritte, links beginnen
	2	∧		Schnelle Wechselschritte an Ort: links, rechts, links und rechts, links, rechts (Pas de Basque) ♪♪♩ ♪♪♩
	3-4			Wie B 1-2
B1(Wh)	1-4			Wie B 1-4
B2(Wh)	1-2	∧	↑	Die 4 Laufschritte nun zur Kreismitte, dabei Arme heben, Wechselschritte mit Fingerschnalzen 2mal nach links, 2mal nach rechts
	3-4		↓	Die 4 Laufschritte zurück auf den Platz, dabei Arme senken, Wechselschritte.

Beachte: Der ganze Tanz bewegt sich in Tanzrichtung
Das erste Schrittmotiv (zähle 1-8) wird 3mal getanzt,
das zweite Schrittmotiv (zähle 1-4) wird 6mal getanzt,
in B(2Wh) jedoch mit Front zur Mitte.

Quelle: Choreographie Rivka Sturman, Israel ● 164, 161

HASHUAL "Der Fuchs" — Israel

Ein stimmungsvoller Tanz mit pantomimischem Charakter und interessanter Schrittfolge (Taktwechsel).

Vorspiel B-Teil AABB AABB AABB AABB

Schallplatte: Hed Arzi MN 529 (wie Hora Nirkoda, Machar, Zamar Noded, Hopa Hey, Shiboley Paz)

Aufstellung: Im Kreis ohne Partner
V-Position

			zähle:
		7 Schritte vorwärts:	
A	$1(\frac{4}{4})$ >	4 Schritte vorwärts, rechts beginnen, dabei 3mal auf 3 und 4 klatschen (auf Kopfhöhe, etwas seitlich rechts)	1 - 4
	$2(\frac{3}{4})$	Weitere 3 Schritte vorwärts: rechts, links, rechts	5 - 7
		7 Schritte seitwärts und "brush":	
	$3(\frac{2}{4})$ Λ	Kreuzschritt links vor rechts, Seitschritt rechts	1 2
	$4(\frac{3}{4})$	Kreuzschritt links hinter rechts, Seitschritt rechts Kreuzschritt links vor rechts	3 4 5
	$5(\frac{3}{4})$	Schlussschritt rechts neben links Seitschritt links "brush": mit rechtem Fuss 1x vor dem linken Fuss kreuzend über den Boden wischen.	6 7 (8)
A(Wh)	1-2	Wie A 1-2	1 - 4
	3-5	Wie A 1-5, jedoch enden mit Seitschritt links, kein "brush" (da diesmal Takt 5 nur $\frac{2}{4}$)	1 -(7)

(Carnevalito)

				<u>Schritt-Hop mit Armschwingen</u>
C	1	>	→	Schritt-Hop rechts vorwärts, Arme vorschwingen.
				Schritt-Hop links vorwärts, Arme rückschwingen.
	2-8			wie C 1, total 8mal
	9-16	<	←	wie C 1-8, jedoch in der andern Richtung (Der Schlusstänzer ist jetzt Anführer)

Hinweise: Der Anführer tanzt in einer Schlangenlinie. Im Teil C kann er auch zu einem Kreis führen.

Der Carnevalito ist neben dem Takirari und der Coeca einer der populärsten Tänze Boliviens. Vor allem wird er zur Zeit des Carnevals, Ende Februar, getanzt. Hier ist nur der Grundschritt beschrieben, Carnevalitos sind normalerweise Paartänze in Viereck-Aufstellung oder in langen Reihen.

Quellen: J. Comez, F. Feybli

JUGO

international

International beliebter, temperamentvoller Tanz, leicht zu erlernen. Gehört in jedes Grundrepertoire. Der Tanz wurde in einem Repatriiertenlager in Holland von Jugoslawen getanzt und von Huig Hofmann aufgezeichnet.

Vorspiel: 4 Takte AA BB CC AA BB CC AA BB CC AA

Schallplatte: FK 010 "Roumanian Hora"
oder Cassette zu Turnen und Sport

Aufstellung: Frontkreis, ohne Partner
Hände mit dem übernächsten Tänzer gefasst,
Arm in der Hauptbewegungsrichtung oben,
hier also rechts über links

"hin und her"

A	1-2	>	→	3 Schritte, rechts beginnen. Schlusstritt links, dabei 1/2 Drehung ↻
	3-4	<	←	Wie A 1-2 gegengleich, zur Drehung "Hoy!" rufen
	5-8			Wie A 1-4
A(Wh)	1-8			Wie A 1-8. Total 4mal hin und her (beim letzten Mal ohne "Hoy").

				"Seite, schliessen, Tupf-Tupf, Tupf schliessen"
B	1	∧	→	Seitschritt rechts
	2			Schritt links neben rechts
	3-4			3 Tupfschritte rechts: vorne, seitwärts, schliessen
	5-8			Wie B 1-4
B(Wh)	1-8			Wie B 1-8 Total 4mal
				"Sprünge"
C	1	∧	→	Sprung auf rechten Fuss, etwas Vorlage Sprung auf linken Fuss, etwas Rücklage
	2-8			Wie C 1 Dazu"lachen" die Tänzerinnen (ha-ha-ha)
C(Wh)	1-8			Wie C 1-8. Auch die Tänzer fallen mit "lachen" ein (ho-ho-ho) Total 32 Sprünge

POSKOK Kolo

Jugoslawien (Serbien)

Ein lebhafter Tanz, aus einfachen Koloschritten aufgebaut, aber anspruchsvoll in der Kombination. Geeignet für dritte und vierte Stufe.

Kein Vorspiel AA BB AA BB .....

Schallplatte: FK 1533 (wie Aide Jano) ... ∧∧∧∧∧∧∧

Aufstellung: Linie oder Kreis. V-Position

A	1	∧	↑	Schritt-Hop rechts, Schritt-Hop links, zur Kreismitte. Arme vor
	2		↓	2 Schritte rückwärts, rechts, links Schritt-Hop rechts rückwärts, Arme senken.
	3	<	←	Nach links: Schritt-Hop links , Schritt-Hop rechts,vorwärts
	4	<	←	2 Schritte, links, rechts , Schritt-Hop links, vorwärts
A(Wh)	1-4			Wie A 1-4
B	1	>	→	2 Schritte und Schritt-Hop, rechts beginnen
	2			2 Schritte und Schritt-Hop, links beginnen
	3-4			Wie B 1-2
B(Wh)	1-4			Wie B 1-4 Total 4mal

Hinweis:
Variante Takt A 4 andere Position > ←

Quelle:
A. Schmolke, A. Aenis ● 168

SAVILA SE BELA LOZA Kolo

Jugoslawien (Serbien)

Problemloser, häufig gewünschter Tanz mit einfacher Schrittfolge, geeignet zum sofort Mitmachen. Für jede Stufe.

Schallplatte: SP 23096 (Sarajevka); Folkraft 1496

Liedertext:

Savila se bela loza vinova Uz tarabu vinova. Todor Todi podvalio. Triput curu poljubio.	Bog sich eine schöne Rebe An dem Zaun (neben einem Zaun). Todor neckte (überlistete) Todi. Küsste das Mädchen dreimal.
To ne bese bela loza vinova. Uz tarabu vinova.	Es war nicht eine schöne Rebe An dem Zaun.
Vec to bese dvoje mili i dragi, Dvoje mili i dragi.	Sondern es waren zwei Verliebte, Zwei Verliebte.

Aufstellung: Linie. V-Position
Keine Partner

... ΛΛΛΛΛΛΛ

				Laufschritte
A	1-4	>	→	16 Laufschritte, rechts beginnen
	5			2 Laufschritte und Schritt-Hop rechts mit 1/2 Drehung ↻
A(Wh)	1-5	<	←	Wie Takte 1-5 jedoch in Gegenrichtung, links beginnen. Enden mit Front zur Mitte des Raumes
				Schritt, Schritt, Schritt-Hop
B	1	Λ	→	Seitschritt rechts, Schritt links nachstellen, Seitschritt rechts, Hop rechts
	2	Λ	←	Wie B 1 jedoch gegengleich
	3-6			Wie B 1-2, noch 2mal, (total 3mal)

Beachte:
Der Tanzleiter kann die Linie zur Spirale oder beliebig im Raum führen.

Quelle: Angaben zur Schallplatte

● 168

ERSKO KOLO

Jugoslawien
(Serbien)

Einfache, der Musik entsprechende Schrittfolge. Zwei deutlich unterscheidbare Teile. Alle können sofort mitmachen.

Kein Vorspiel! AAB AAB A'A'B' AAB

Schallplatte: Kögler SP 23098; Kögler SP 23020; Folkraft 1498

Aufstellung: Linie oder Kreis. V-Position ... ΛΛΛΛΛΛ Λ

				Langsamer Teil: "Nachstellschritte, Stampf-Stampf"
A	1-14	Λ	→	14 Nachstellschritte seitwärts, rechts beginnen
	15-16			2 Stampfschritte, rechts, links
A(Wh)	1-14	Λ	←	14 Nachstellschritte seitwärts, links beginnen
	15-16			2 Stampfschritte, links, rechts
				Schneller Teil: "Schritt-Schritt-Schritt-Hop "
B	1-2	>	→	3 Schritte rechts beginnen, Hop rechts, mit 1/2 Drehung ↶
	3-4	<	←	wie B 1-2, jedoch 1/4 Drehung
	5-6	Λ	↑	wie B 1-2, jedoch vorwärts zur Kreismitte
	7-8	Λ	↓	wie B 1-2, jedoch rückwärts
	9-16			wie B 1-8

Hinweise:

- "Ersak" (Bauer oder Dorfbewohner)
  "Kolo" (Kreis, Reigen)
- Der langsame Teil wird oft variiert, z.B.
  a) Seite, hinten, Seite, hinten...
  b) Seite, hinten, Seite, vorne,... usw.
- Variante zum schnellen Teil: B 1-2 > →
  3-4 > ←

Quelle:
Nach Milica Iljin, Belgrad

Ein einfacher zweiteiliger Kolo.
Tanz und Melodie bilden eine schöne Einheit.

Vorspiel 4 Takte AABB AABB AABB ....

Schallplatte: Kögler EP 58707 (wie Misirlou, Gie Gordons und Fado Blanquita)

Aufstellung: Kreis, eventuell an einer Stelle geöffnet V-Position

"Schritt-Hop-Schritt-Hop; Seite-hinten-eins, zwei, drei"

A	1-2	>	→	2 Schritt-Hop vorwärts, rechts, links
	3	Λ	→	Seitschritt rechts, Kreuzschritt links hinter rechts
	4			3 kleine Stampfschritte an Ort, rechts, links, rechts.
A(Wh)	1-4		←	wie A 1-4, jedoch gegengleich.

"Wechselschritte" Arme waagrecht vorwärts gestreckt.

B	1-4	Λ	↑	2 langsame Wechselschritte vorwärts zur Kreismitte, rechts beginnen.
B(Wh)	1-4		↓	2 Wechselschritte rückwärts nach aussen.

Hinweise

- "Milan" (Männername)
  "Kolo" (Kreis, Reigen)
- Rufe wie "hey", "hopp", "haj" begleiten den Tanz. Im Teil B können lustige Verse improvisiert werden.
- Die Aufnahme der angegebenen Schallplatte ist nicht original.

Quelle

Angaben zur Schallplatte.

● 184

AIDE JANO

Jugoslawien
(Serbien)

Schöne Melodie mit ungewohntem Rhythmus. Schrittfolge einfach. Dritte und vierte Stufe.

Schallplatte: FK 1533 (wie Poskok)

... ∧∧∧∧∧∧ ∧

Aufstellung: Linie, W-Position Anführer rechts,
keine Partner

Rhythmus: 7/8 (eins und ah, zwei und, drei und)

Front und Bewegung nach rechts

1 > → Schritt rechts
Schritt links

2 Schritt rechts
Schritt links
Schritt rechts

3 Schritt links
Immer noch auf linkem Fuss, zweimal wippen, rechtes Knie leicht anheben und 1/4 Drehung ↶ zur Mitte des Raumes.

4 ∧ ↑ Schritt rechts, Arme senken
Tupfen mit linker Fussspitze vorne, dabei Oberkörper nach vorne. Arme tief in Richtung Fussspitze.
linken Fuss zurücknehmen, aufrichten

5 ∧ ↓ Schritt links rückwärts
> → Schritt rechts Arme in W-Position
Schritt links.

Beachte:
Die Tanzphasen stimmen nicht mit den Musikphasen überein.

● 189

MISIRLOU

Griechischer Ursprung

Ruhig fliessende Melodie, fürs Gemüt. Keine "echte" Musik!

Vorspiel 3 Takte A B A B C C und 2 Takte

Schallplatte: Kögler EP 58707 (wie Milanovo Kolo,)
WT 10006

Aufstellung: Linie oder Kreis, W-Position

1 ♩ ∧ → Seitschritt rechts
♩ Tupf links vor rechts; dann Bein in einem Bogen nach hinten führen

♪ Kreuzschritt links hinter rechts
♪ Seitschritt rechts
♩ Kreuzschritt links vor rechts

2 ♫ ♩ < ← Wechselschritt nach links vorwärts; rechts, links, rechts.

♫ ♩ < → Wechselschritt rückwärts; links, rechts, links

Quelle:
Misirlou ist eine vereinfachte Form von Kritikos, entstanden an einem griechischen Fest in Pittsburgh, USA

● 184

ZORBAS DANCE

Ein Sirtaki nach griechischem Vorbild

Zum Zorba-Thema finden sich verschiedene Einspielungen und Tänze. Die hier beschriebene Tanzfolge ist sehr beliebt und lässt sich in der Grundform schon mit Schülern der Mittelstufe tanzen.
Eine Choreographie aus Grundform und Variation ist speziell auf die Schallplatte Folkraft 1564 geschaffen worden und eignet sich für Schüler der dritten und vierten Stufe.

Vorspiel 2 Takte   B Teil: 2mal A ohne 10. Takt = 18 Takte A A B B A

Schallplatte: zyt 233 Tanzchuchi

Aufstellung: Linien, T-Position   • • • ΛΛΛΛΛΛ Λ

Grundform auf 10 Takte:

		"seit-anziehen seit-anziehen":	zähle:
1		Seitschritt rechts	1
		linken Fuss anziehen	2-4
2		gegengleich nach links	5-8
		"2mal kreuzen nach links - 2mal kreuzen nach rechts":	
3	←	Kreuzschritt rechts vor links	1
		Seitschritt links	2
		Kreuzschritt rechts vor links	3
		linkes Bein anheben ("hervorholen")	4
4	→	wie Takt 3 gegengleich	5-8
		"4 Schritte vor - 4 Schritte rück":	
5	↑	enger Kreuzschritt rechts vor links	1,2
		enger Kreuzschritt links vor rechts	3,4
6		noch 2 Kreuzschritte rechts, links	5-8
		letzter Schritt betont tief	
7	↓	Schritt rechts rückwärts, kleiner Kick links	1,2
		Schritt links rückwärts, kleiner Kick rechts	3,4
8		noch 2 Schritte mit Kick rückwärts	5-8
		"Schlussschritt"	
9		Seitschritt rechts	1
		Kreuzschritt links vor rechts	2
		Gewicht zurück auf rechts	3,4
10		Seitschritt links	5
		rechten Fuss anziehen	6-8

Hinweis:
- jedes Schrittelement beginnt rechts
- Vereinfachte Form für Anfänger, und Sprechrhythmus siehe meth. Teil
- diese Grundform kann zur Schallplatte F 1564, zu einer andern Einspielung oder auch zu einer beliebigen Sirtaki-Melodie getanzt werden

● 169

"Variation" auf 18 Takte:

	"Zehe - Ferse...."	zähle
1	rechte Fussspitze verschieben	1,2
	rechte Ferse verschieben	3,4
2	linke Fussspitze verschieben	5,6
	linke Ferse verschieben	7,8
3,4	"umgekehrt" zurück, linke Ferse beginnt...	1-8

"4mal kreuzen nach links - 4mal kreuzen nach rechts":

5,6 ←	Kreuz- und Seitschritt nach links wie Grundform, jedoch 4mal rechts über links kreuzen	1-8
7,8 →	wie Takte 5,6 gegengleich	1-8

"4 Schritte vor - 2 Schritte rück":

9,10 ↑	4 Kreuzschritte vorwärts wie Grundform	1-8
11 ↓	Schritte rückwärts wie in Grundform, jedoch nur 2 Schritte	1-4 !

"Schlussschritt"

12,13	wie Grundform, beim Anziehen des rechten Fusses, rechtes Knie beugen und einwärtsdrehen	1-8

"Drehung":

14	Seitschritt rechts mit 1/2 Drehung ↻	1,2
	Seitschritt links (in der neuen Front) mit 1/2 Drehung ↻	3,4 !
15	Seitschritt rechts und tiefe Kniebeuge (*)	1,2
	aufrichten, (Gewicht auf rechts)	3,4
16	Gewicht auf links und tiefe Kniebeuge(**)	5,6
	aufrichten (Gewicht auf links)	7,8

"Schlussschritt"

17,18	wie Grundform	1-8

Choreographie von R. Holden zu Schallplatte Folkraft 1564:

Musik:	*Tanz:*
langsamer Teil, 2 Durchspiele:	2mal Grundform
schneller Teil, 2 Durchspiele:	2mal Variation
langsamer Teil, 1 Durchspiel:	1mal Grundform

* linkes Knie berührt Boden
** rechtes Knie berührt Boden

KALAMATIANOS

Griechenland

Der Tanz mit seinem charakteristischen 7/8-Takt wird in ganz Griechenland getanzt. Es gibt verschiedene Formen. Auch die Improvisation gehört dazu. Er kann nur von Männern, nur von Frauen oder gemeinsam getanzt werden. Vom ungewohnten Rhythmus her ist dieser Tanz für viele recht schwierig.

Schallplatten: Auf den allermeisten Platten mit griechischer Volksmusik findet man einen Kalamatianos, sonst FK 1022.

Aufstellung: Linie. W-Position ... ΛΛΛΛΛΛ Λ

Gliederung des 7/8-Taktes:

lang kurz kurz

Grundschritt

1 > → 3 Schritte vorwärts, rechts, links, rechts (lang, kurz, kurz)

2 3 Schritte vorwärts, links, rechts, links (lang, kurz, kurz)

3 Λ 1 Seitschritt rechts (lang), 2mal mit linker Fussspitze tupfen (kurz-kurz)

4 1 Seitschritt links (lang), 2mal mit rechter Fussspitze tupfen (kurz-kurz)

Jugendliche haben oft leichteren Zugang zu der folgenden Variation der Takte 3 und 4:

3 Λ 1 Seitschritt rechts (lang) Kreuzschritt links vor rechts (kurz), Gewicht zurück auf rechts (kurz)

4 Wie 3 gegengleich.

Der Anführer darf frei improvisieren, alle andern Tänzer tanzen den Grundschritt oder:

Der Anführer kann (eingeübte) Variationen ansagen, die von allen mitgetanzt werden. Zwischen die Variationen können beliebig Grundschritte eingeschoben werden.

Kleine Auswahl von Variationen zu den Takten 1 und 2:

1) 1 Drehung ↻ mit den ersten beiden Schritten, Fortsetzung Grundschritt.

2) 2 Drehungen ↻ mit den ersten vier Schritten.

3) 3 Drehungen ↻ mit sechs Schritten.

4) Hüpfer (Vorschlag). Kurzes Aufhüpfen auf Standbein, jeweils vor dem "langen" Schritt.

5) Die ersten beiden Schritte rückwärts, Schritte 3 und 4 vorwärts, 5 und 6 rückwärts (immer in Tanzrichtung!)

6) Sprung in Kauerstellung immer auf die "langen" Schritte (diese Variation könnte auch in den Takten 3 und 4 getanzt werden).

Hinweis: Zum selber musizieren: Griechische Kinderlieder und Tänze, Schott 5146

Quellen: A. Schmolke, A. Aenis, R. Holden, M. Vouras.

● 188

KARIČKA "Liebste mein"

Tschechoslowakei

Ein schöner und anspruchsvoller Mädchen-Čardaš für fortgeschrittene Schüler der dritten und vierten Stufe. Rhythmisch ungewohnt und interessant sind die Schrittmotive auf sieben Zählzeiten.
Die Schritte im schnellen Teil sind nicht zwingend: die erstbeschriebene Form eignet sich wegen der verständlichen Aufgliederung des Rhythmus in verschiedene Schrittarten besonders für die Schule - die zweite Form ist die bekanntere (Beschreibung Schallplatte)

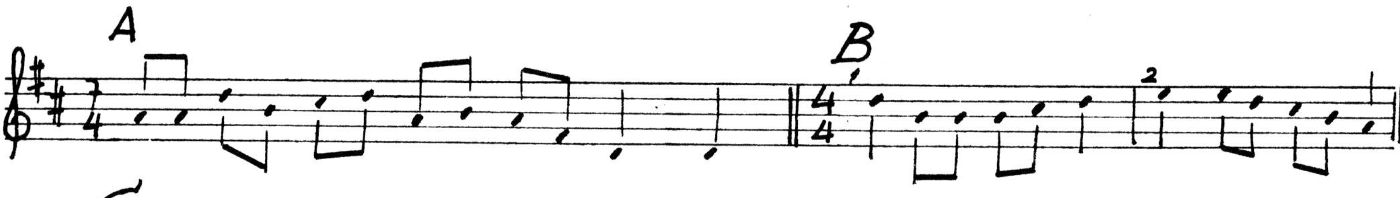

Vorspiel: ca 12
AABABA C AABABA C AABABA

Schallplatte: Melodie "Spivajme dzivocky", Kögler EP 56 432 (wie Bašistovska)

Aufstellung: Frontkreis, ev. Paare (für Variation)
V-Position

Langsamer Teil (Einleitung): Čardaš "auf 7" — zähle:

A1 (langsam)
Seitschritt links, nachstellen rechts — 1,2
Seitschritt links, Schlusstritt rechts — 3,4
Seitschritt rechts, Tupf links an Ort, — 5,6
Schlusstritt links — 7

A1 (Wh)
Wie A1, jedoch enden mit Schlussschritt links

Schneller Teil, Kreis bewegt sich in ← ; Erste Form

B
4mal "Sprung - Sprung - anstellen": (1-8)
Sprung rechts vorwärts, Sprung links rückwärts Schlusstritt rech
" " " " "
" " " " "
" " " " "

A2 (schneller)
3mal "kreuz-seit" (wie Swing): (1-3)
Kreuzschritt rechts vor links, Seitschritt links
" " " "
" " " "

2mal "Schritt-Hop": oder "vorne-Seite-hinten-Seite" (4-5)
Schritt-Hop rechts — Grapevine, rechts beginnen
Schritt-Hop links

"Schluss": (6-7)
Schritt rechts vorwärts, Schritt links rückwärts, Schlusstritt rechts

B (Wh)
Wie B

A2 (Wh)
Wie A2; jedoch enden mit Schlussschritt rechts

C (Zwischentakte) 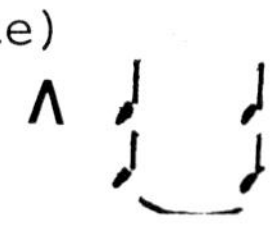	Zwischenteil: "hin-her": Seitschritt links, Schlusstritt rechts Seitschritt rechts, Schlusstritt links	

	Schneller Teil, Zweite Form:	
B	wie Erste Form	
A2 (schneller)	"Kolečko" = Grapevine: 3mal "vorne-Seite-hinten-Seite" rechts beginnen Schlusstritt rechts	1-6 7
B (Wh)	Wie B	
A2 (Wh)	Wie A2, enden mit Schlussschritt rechts	

Hinweis:
Karička ist eine Gattung von Tänzen

Quelle:
Aufzeichnung nach Instruktion von František Bonuš, Prag

● 190

BASIŠTOVSKA

Tschechoslowakei

Ein Männertanz, der hauptsächlich rhythmische Geschicklichkeit verlangt und besonders die Knaben der dritten und vierten Stufe motivieren wird.

Vorspiel AA AA AA AA (2 Takte) AA AA (2 Takte) AA AA (Schluss)

Schallplatte: Kögler EP 56432 (wie Karička)

Aufstellung: Tänzer im Frontkreis
ohne Fassung

Zum Tanzablauf:			Jedes Durchspiel besteht aus:
A	1-8	> →	Refrain: 16 Gehschritte
A (Wh)	1-8	Λ	Figur: an Ort, Front zur Mitte

Die einzelnen Figuren:

1. Figur:

A1(Wh) 1 Schlag auf rechten Unterschenkel, klatschen
2 Schlag auf linken Unterschenkel, klatschen
3 Schlag auf rechten Unterschenkel, klatschen
4 3mal klatschen
5-8 wie 1-4, gegengleich

2. Figur:

A2(Wh) 1-8 wie 1. Figur, jedoch mit Schlag auf Ferse

3. Figur:

A3(Wh) 1 Schlag auf rechten Unterschenkel, 3mal klatschen
2 Schlag auf linken Unterschenkel, 3mal klatschen
3 Schlag auf rechten Unterschenkel, 1mal klatschen
4 3mal klatschen
5-8 wie 1-4, gegengleich

4. Figur:

A4(Wh) 1-8 wie 3. Figur, jedoch mit Schlag auf Ferse

5. Figur:

A5(Wh) 1 Sprung in kleine Grätsche, schliessen
2 Sprung in kleine Grätsche, schliessen
3 Schlag auf rechten Unterschenkel, 1mal klatschen
4 3mal klatschen
5-8 wie 1-4, gegengleich

6. Figur:

A6(Wh) 1-8 wie 5. Figur, jedoch mit Schlag auf Ferse

7. Figur:

A7(Wh) 1 Schlag auf rechten Unterschenkel, 3mal klatschen
2 Schlag auf linken Unterschenkel, 3mal klatschen
3 Schlag auf rechten Unterschenkel, 1mal klatschen
Schlag auf linken Unterschenkel, 1mal klatschen
4 Schlag auf linken Unterschenkel, 2mal klatschen
5-8 wie 1-4, gegengleich

8. Figur:

A8(Wh) wie 7. Figur, jedoch mit Schlag auf Ferse

Hinweise:

- Dies sind einige Beispiele von möglichen Figuren. Die Reihenfolge ist nicht zwingend.
- Nach dem 4. und nach dem 6. Durchspiel sind zwei Zwischentakte eingeschoben; dazu kann an Ort Seitschritt rechts/schliessen, Seitschritt links/schliessen ausgeführt werden.

Quelle:

Aufzeichnung nach Instruktion von František Bonuš, Prag.

● 187

ALUNELUL Haselnüsse Rumänien

Ein lebhafter Tanz, bei dem man die Füsse "hören" darf!
Für geschickte und konditionsbewusste Tänzer!

Vorspiel: B AABB AABB AABB AABB AABB

Schallplatte: Kögler SP 23 021
Folkraft 1549

Aufstellung: Frontkreis ohne Partner
V-Position

Vereinfachte Form: die Schritte in Teil A und Teil B Takte 1-4 werden alle vorwärts getanzt:

					zähle
A	1-4	>	→	5 Laufschritte rechts beginnen	1-5
				2mal stampfen links	6,7
				Pause	8
	5-8	<	←	Wie A 1-4, gegengleich	1-8
A(Wh)	1-8			Wie A 1-8	
B	1-2	>	→	3 Laufschritte rechts beginnen	1-3
				1mal stampfen links	4
	3-4	<	←	Wie B1-2, gegengleich	5-8
	5	Λ		Schritt rechts seitwärts	1
				1mal stampfen links	2
	6			Schritt links seitwärts	3
				1mal stampfen rechts	4
	7-8	Λ		Schritt rechts seitwärts	5
				2mal stampfen links	6,7
				Pause	8
B(Wh)	1-8	<	←	Wie B 1-8, gegengleich	1-8

Endform: "Die zwei ersten Schritte jeweils rückwärts tanzen":
Teil A: Takt 1 Takt 5
Teil B: Takt 1, Takt 3

● 186

CASATSCHOK   Ein Modetanz nach russischem Vorbild

Ein international bekannter "Eisbrecher" der alle Hemmungen vergessen lässt - intensiv getanzt, das reinste Konditionstraining! Keine Altersgrenze

Vorspiel 2 Takte ABAC ABAC A

Schallplatte: KöglerSP 23044 (wie "Sip Simeon")

Aufstellung: beliebig

"Klatsch-Klatsch-Ca-sa-tschok"

A 1  2 Laufschritte an Ort mit 2mal klatschen 

2 Laufschritte an Ort, dabei Hände eingestützt und etwas Vorlage; nach Belieben rufen "Ca-sa-tschok" ( )

2-3 Wie A1 noch 2mal wiederholen, total also 3mal

"ras-twa-tri" ("eins-zwei-drei")

4  3 Schlusssprünge vorwärts, Arme in Vorhalte verschränkt 

5-8 wie A 1-4, Schlusssprünge, jedoch rückwärts

"Flaschentanz"

B 1-12 𝅗𝅥 Standbein gebeugt gestrecktes Spielbein auf
Ferse diagonal vorgestellt 
𝅗𝅥 Mit Sprung Beinwechsel
u.s.w. Diese Figur mehrmals wiederholt (total 24mal)
In der Hocke je nach Ehrgeiz und Kondition...

"Spaghetti" - Figur ("Räkeln")

C1 𝅗𝅥 𝅗𝅥 𝅗𝅥 𝅗𝅥 Sich nach Belieben strecken, dehnen, räkeln
ev. auch mit vorgängigem Sprung in die Hocke und
Klatsch auf den Boden (z.B. die Männer) 

2-4 Diese Figur 3mal wiederholen, total 4mal

Hinweise:
- Die bekannten Casatschok-Figuren sind hier in der einfachsten und besonders beliebten Ausführung und Reihenfolge beschrieben. Je nach Musik muss die Dauer und Reihenfolge angepasst werden.
- Dieser Tanz kann sehr individuell mit Richtungswechsel, Fortbewegung, Drehungen.. oder in bestimmter Formation, z.B. auch mit Partnerbezug getanzt werden.
- Vorschlag für Paartanz: 2 Linien, Partner gegenüber; z.B. mit Platzwechsel im Teil C..

Quellen:
diverse

SIP SIMEON Ein Modetanz nach russischem Vorbild

Die kurze, einfache Schrittkombination, die im Anfang noch ganz harmlos erscheint, wird bei zunehmendem Tempo die reinste Bewährungsprobe! Dabei stimmen Tanz und Musik nicht etwa überein, da in die Schrittfolge ein Hora-Schritt (6/4) eingeschmuggelt ist.... eine rhythmische Knacknuss für die Oberstufe!

Kein Vorspiel AAAA BBBB CCDB AABB BBCC

Schallplatte: Kögler SP 23044 (wie Casatschok)

(Sip Simeon)

Aufstellung: beliebig 

"vor, vor, cha-cha-cha, rück, rück, cha-cha-cha"

A 1 Λ ↑ — 2 Schritte vorwärts, links, rechts
3 Schritte an Ort, links, rechts, links

2 ↓ — 2 Schritte rückwärts, rechts, links
3 Schritte an Ort, rechts, links, rechts

"Ein nach links und zwei nach rechts" (Hora-Schritt)

3 ← — Seitschritt links, Schlusstritt rechts

Seitschritt rechts, nachstellen links

4 → — Seitschritt rechts, Schlusstritt links

"Spitze-Ferse, cha-cha-cha, Spitze-Ferse, cha-cha-cha"

A 4  Linke Fussspitze tupft an Ort, linkes Knie eingedreht
Linke Ferse tupft am Ort, gestrecktes linkes Bein ausgedreht

A(Wh) 1 — 3 Schritte an Ort, links, rechts, links

Rechte Zehe tupft am Platz, rechts Knie eingedreht
Rechte Ferse tupft an Platz, gestrecktes rechtes Bein ausgedreht

2 — 3 Schritte an Ort rechts, links, rechts

usw. — von vorne

Hinweise:
- evtl. bei "Spitze-Ferse" noch schnell ein Blick über die Schuler... falls noch Zeit dazu.
- mit dieser Folge lässt sich auch experimentieren mit Formationen, Frontwechsel "Kanon"....

Quelle:
diverse

● 181

STAMPY

Diese kurze Schrittfol
reits auf der Mittelst

Aufstellung: beliebig

Hinweise:
Dieses einfache Bewegu
Spielen mit Formatione
Kanon, Quodlibet.... (

BOSSA NOVA

Samba-Kind mit Wurzeln
(Jazz-Samba)

Schallplatte: Beliebig

Aufstellung: Beliebig

A 1 ∧ →

2 ∧ ←
3-4
5 ∧ ↑
6 ∧ ↓
7-8

(Mimé)

zähle Schritte: 1 "vo
2 "rü
3 "dr
4 "Se
5 "hi
6 "se

Schri

Variation: 1½ Drehun
mit den Sc
ausführen

PATA PATA

Ein kurzer, aber beweg

Musik: beliebige Popm

Aufstellung: beliebig

1 1 ^
2
3,4

2 1
2
3
4

3 1
2
3
4

4 1 ^
2-4 ← <

Hinweis:
Die Schrittfo

5.1.3 Methodische Wege

Verschiedene methodische Wege:

Imitativ - Kreativ:

Auch ein tradiertes Unterrichtsbeispiel kann sich je nach Form und Situation für einen kreativen Einführungsweg eignen.
Die imitative Arbeitsweise ist mehr eine Frage der visuellen Darbietung und der Ansage, die kreative Arbeitsweise stellt grössere Anforderungen an die Beweglichkeit des Lehrers und die Selbständigkeit der Schüler.

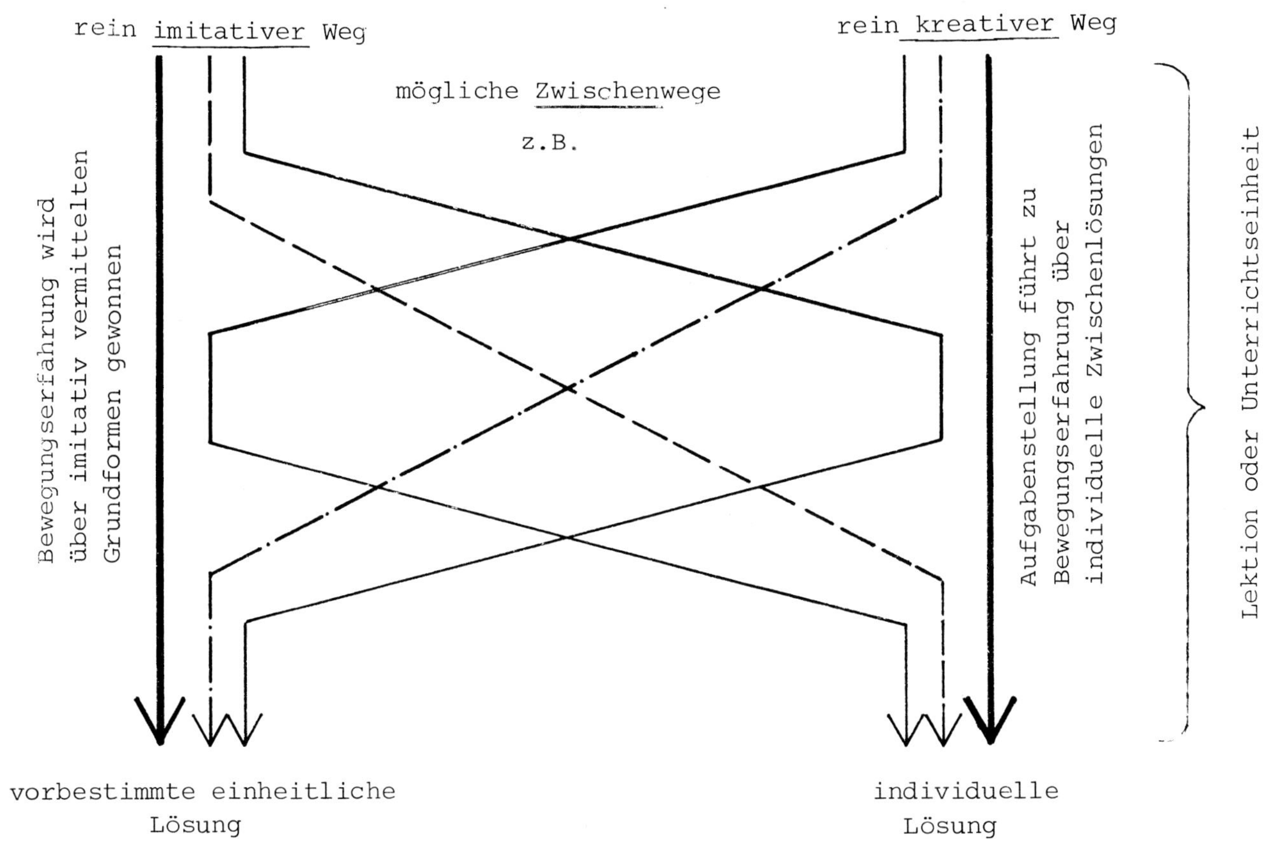

"Aus dem Ganzen ins Einzelne" - "Vom Einzelnen zum Ganzen"

Je nach seiner Form eignet sich ein Beispiel mehr für die synthetische oder analytische Arbeitsweise.

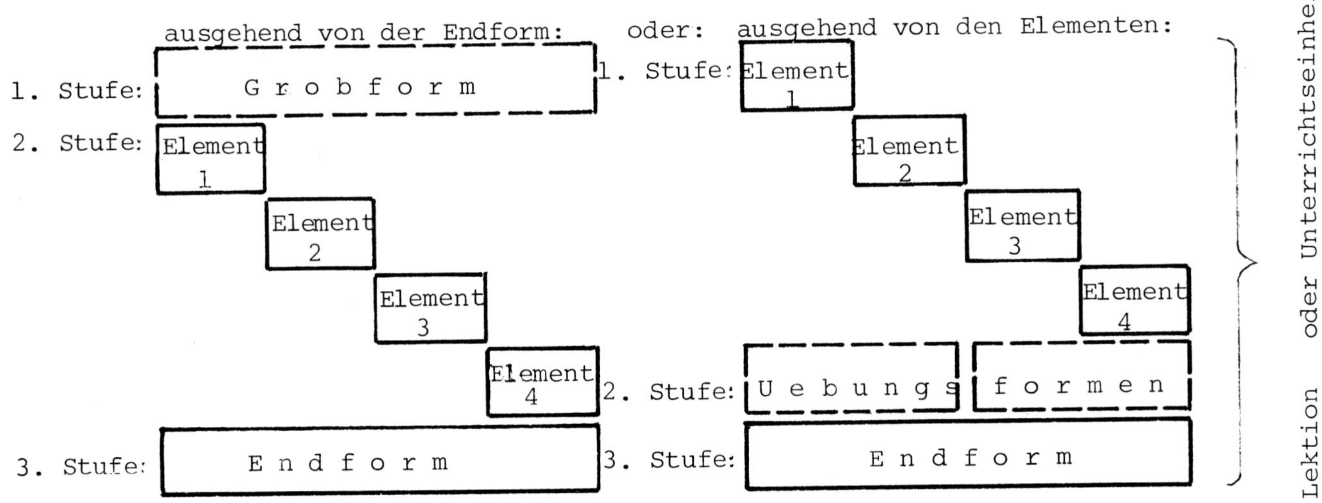

Es empfiehlt sich, die Elemente in chronologischer Reihenfolge zu erarbeiten, wenn es um eine grössere gedächtnismässige Leistung geht. Aus methodischen Gründen und aus Gründen der Motivation kann ebensogut das "leichteste" oder das "schwierigste" Element zuerst eingeführt werden.

5.1.4 Modell einer Aufbaureihe "Vom Erleben zum Erfassen"

Am Beispiel einer Komponente: Rhythmus (R)

♫♩

1. Stufe: "R ♫♩ erleben":

Ausführen bewegungstechnisch einfacher Bewegungsfolgen, die keiner Einführung bedürfen - meist über Ansage / Nachahmung.

z.B.: - Klanggesten
- einfache Tanzbeispiele wie

Break Mixer

2. Stufe: "R ♫♩ bewusst werden lassen":

Mit Hilfe verschiedener Darstellungsmöglichkeiten Rhythmusvorstellungen schaffen (akustisch, visuell, evtl. taktil).

z.B.: -"Morsen", kurz-kurz-lang, mit Klanginstrument, Taschenlampe, "Telefon"= Nachbar auf Rücken tupfen...

- graphische Darstellung - z.B.:

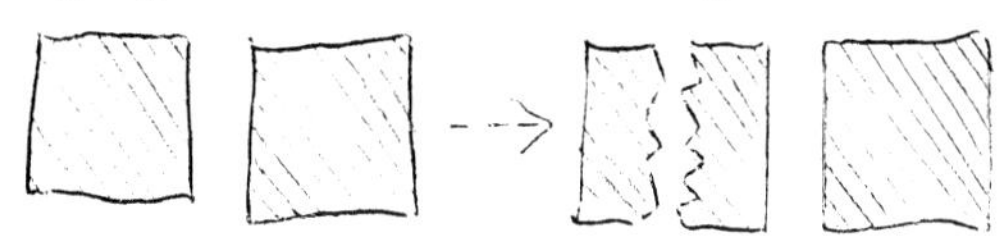

- räumliche Darstellung - z.B.:

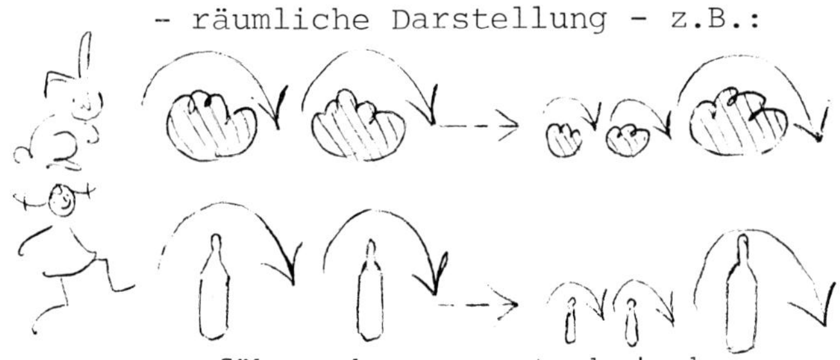

3. Stufe: "R ♫♩ anwenden":

Ausführen bewegungstechnisch schwieriger Bewegungsfolgen - z.B. Tanzschritte, die Rhythmuserlebnis und -vorstellung voraussetzen.

z.B.: Wechselschritt
- Tanzbeispiel: "Misirlou"

4. Stufe: "übertragen":

Der erarbeitete Rhythmus kann als "Ausgangsrhythmus" für das Erarbeiten weiterer "verwandter" Rhythmen dienen.

z.B.: 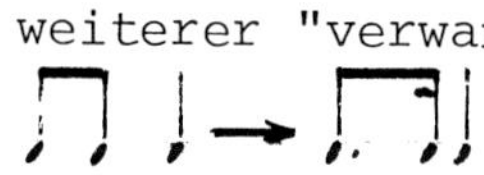 Grundschritt "Jive"
▼ Boogie/Rock'n Roll/ Jive

BREAK-MIXER

"Steckbrief":

Phasen à 8,4 Zählzeiten
Rhythmus ♫♩
Rad

▶ vgl. "Universalmixers"

Gedächtnisstütze als Sprechrhythmus:

"ACHT - SCHRITT - IRGEND - WO - MIT - EI - NAN - DER,
VIER - AUSEI - NAN - DER - STA - AM - PFEN - KLA - A - TSCHEN,
ACHT - SCHRITT - RECHTS - UM - MIT - "AL - TEM" - PART - NER,
ACHT - SCHRITT - LINKS - UM - MIT - "NEU - EM" - PART - NER"

Oder so:

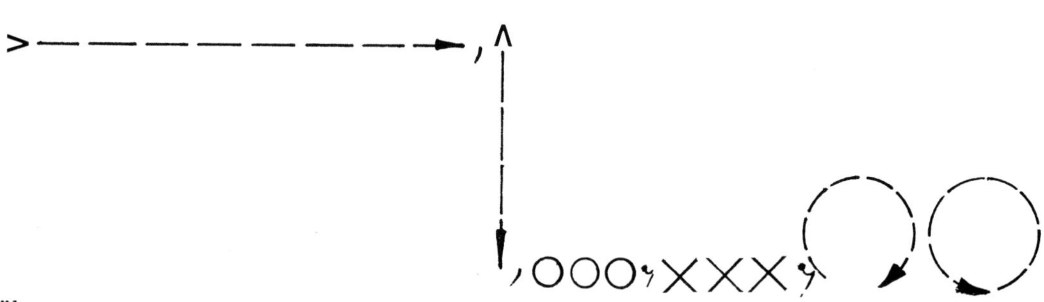

Ⓚ Kurzeinführung:

Auch Schüler mit wenig Tanzerfahrung können die Tanzfolge nach kurzer Instruktion oder nach einigen Durchspielen Vortanzen gleich mittanzen - mit Vorteil bleiben im Anfang die gleichen Partner zusammen - Partnerwechsel erst auf Zuruf...

Anderer Vorschlag: Als "Lawinentanz" - also Partnerwechsel von Anfang an.

Uebungsform im Kreis, ohne Partner:

> → 8 Schritte vorwärts
Λ ↓ 4 Schritte rückwärts, ♫♩ stampfen, ♫♩ klatschen
8 Schritte drehen um sich selber ↻ , 8 Schritte drehen um sich selber

Einstieg gleich mit Musik:

(A) Mögliche Aufbaureihe über Bewegungsaufgaben:

1. *"Geht frei im Raum, wenn die Musik "Pausen" hat, bleibt ihr stehen"*
   Ziel: Musikalische Einheit erfassen, "Pause" vorausspüren.

2. *"Geht "Ecken", wenn ihr "Ecken" in der Musik hört"*
   Ergänzung: *"Braucht auch mal den Rückwärtsgang..."*
   Ziel: Kürzere Phasen à 16, 8, 4 Zählzeiten erfassen, in Richtungs- und Frontwechsel ausdrücken.

3. *"Füllt das "Loch" (Pause) mit Stampfen, Klatschen..."*
   Ziel: Phantasie, rhythmische Sicherheit.

4. Evtl. Gestaltungsaufgabe: Individuelle Bewegungsfolge festlegen, evtl. dem Partner beibringen, gemeinsam tanzen.

- Hier kann die Uebungsform anschliessen

Ergänzung: Der fertige Tanz kann variiert werden, indem die "Pausen" individuell gestaltet werden.

▶ 36

CIRCASSIAN CIRCLE

Gedächtnisstütze:

A	ALLE	ZUR MITTE UND ZURUECK, 2mal
	∩	ZUR MITTE UND ZURUECK
	Λ	ZUR MITTE, wenden und zur neuen Partnerin nach rechts, (die Partnerin, die der Tänzer ursprünglich an der linken Hand hatte)
B	SWING und PROMENADE	

(K) Kurzeinführung:

Mit fortgeschrittenen Schülern kann gleich die Endform eingeführt werden; je nach Können anstelle Swingschritte einfachere Rundtanzform tanzen - Z.B. Zweihandfassung (evtl. gekreuzt), Seitgalopp.
Einführung Swingschritte siehe Seite 161

Einstieg gleich mit Musik:

(N) Einführung über Spielformen:

"-Hinein, hinaus - Wer ist dran?"

- Zu Musik (z.B. beliebige Universalmelodie) im Kreis, ohne Partner: Auf Zuruf alle, nur die Mädchen, alle mit roten Pullovers, alle mit Jeans.... 4 Schritte zur Mitte und zurück (Reaktion!) - dieses Spiel kann auch unterbrochen werden mit Gehen auf der Kreisbahn, Drehen um sich selber, Gehen frei im Raum, Rundtanzen mit beliebigem Partner.... Wieder Einordnen in Kreis; auf musikalische Form kommt es dabei noch nicht an.

- Ablauf wie Endform (evtl. beliebige Universalmelodie), Tänzer geht jedoch auf beliebige Partnerin zu; evtl. Promenade weglassen, dafür Zeit für Partnersuche, Rundtanz und wieder Aufstellen zum Kreis. ▶ 42

DOUDLEBSKA POLKA

Der gesellige Charakter dieses Tanzspieles muss im Vordergrund stehen. Daneben bietet es mit seinen drei musikalisch und bewegungsmässig sehr unterschiedlichen Teilen besondere Möglichkeiten der zeitlich-räumlichen Erfahrung.

Gedächtnisstütze:

A	PAARWEISE FREI IM RAUM
B	"STERN"
C	KLATSCHFIGUR

(K) Kurzeinführung:

Tanzgewohnte Schüler werden nach einer kurzen "Trockenübung" (sammeln zum Stern, Partnerwechsel) den Ablauf erfasst haben.

Einstieg gleich mit Musik:

(N) Uebungsform ohne Paare, für jede Stufe:

A	Einzeln frei im Raum	("Jeder für sich", "Unordnung"...)
B	Gehen im grossen Kreis	("Miteinander", "Ordnung"...)
C	Klatschfigur (alle)	("Klatschkonzert")

Varianten für Uebungs- und Endform:

- beliebig viele kleinere Kreise bilden
- Klatschmotive individuell - dann auch:
- Klatschmotive nach Schülervorbild: nächsten "Tätschmeister" z.B. während des Gehens im Kreis bestimmen.

(A) Mögliche Aufbaureihe über Bewegungsaufgaben:

1. *"Geht, hüpft... frei im Raum; ändert die Musik ihre "Art", ändert auch ihr eure "Art" ("Gangwechsel")"*
   Ziel: Erkennen, dass die Musik verschiedene Teile hat; Dauer eines Teils empfinden; Bewegungsrepertoire.

2. Besprechen: Musik charakterisieren: z.B. fröhlicher/lustiger, ruhiger/gemütlicher... Teil.

3. *"Bewegt euch zu jedem Teil in einer bestimmten Art, die zur Musik passt".*
   Ziel: Einfühlungs- und Anpassungsvermögen, erkennen, dass die gleichen Teile wiederkehren, dass es eine Folge von drei Teilen ist (Formempfinden).

4. *"Den dritten Teil tanzt ihr an Ort - mit den Händen - dass man es hört".*
   Ziel: Phantasie, rhythmische Sicherheit

5. Hier kann die Uebungsform (s. oben) anschliessen.

▶ 37

BITTE MAND I KNIBE

"Steckbrief" / Gedächtnisstütze:

"RAD" ZU VIERT: LAUFEN IM 6/8-TAKT
"SCHLÜÜFFE" LAUFEN IM 6/8-TAKT
OFFENER WALZER, EVTL. RUNDWALZER

Dieses Tanzspiel eignet sich besonders als "Walzerbeispiel" für die Schule: Der 3-Takt ist relativ schnell, wenig akzentuiert und wird z.B. im 1. Teil als "Laufschritte" getanzt - diese sportliche Version ist jugendgemässer als z.B. langsamere, stark akzentuierte, "schön ausgetanzte" Walzerschritte.

Ⓚ Kurzeinführung:

Nur mit fortgeschrittenen Schülern ist die Endform nach einer kurzen "Trockenübung" möglich; die schwierige "Schlüüf"-Figur im Stillstand üben.

Einstieg gleich mit Musik:

Ⓝ Einführung über Uebungsform:

A ganzer Teil: Laufen im Zwei-Paarkreis oder "Rad zu viert", "Schlüüf"-Figur also weglassen.

B Paarweise frei im Raum offener Walzer - durch Vor- und Rückschwingen der gefassten Hände ergibt sich aus dem Laufschritt die Akzentuierung des Walzerschrittes von selber.

Ⓐ Aufbaureihe über Bewegungsaufgaben:

1. *"Lauft frei im Raum - ändert die Musik ihren Charakter, versucht auch euren Stil zu ändern".*
   Ziel: Erkennen, dass die Melodie aus zwei deutlich unterscheidbaren Teilen besteht.

2. Besprechen: Teile "charakterisieren": "rassig ", "tänzerisch"..., Rhythmus? Schwingend, 3er-Rhythmus, 6/8, Walzer.

▶ Einführung Walzerschritt 161

3. *"Tanzt jeden Teil in einer Schrittart, die der Musik entspricht".*
   Ziel: Anpassungsvermögen, Bewegungsrepertoire.

4. Hier kann die Uebungsform (s.oben) anschliessen.

▶ 38

LA PITTORESQUE

Gedächtnisstütze und Sprechrhythmus:

A	"Dreh dich links, dreh dich rechts, Dreh dich einmal links herum"
	"Rundherum am rechten Arm, und zurück am linken Arm"
	"Seitwärts hin, seitwärts her, jeder dreht 'nach vorne aus'"
B	"Mühle"

Ⓚ Kurzeinführung:

Die schnell aufeinanderfolgenden Drehungen lassen sich mit einem Sprechrhythmus am besten einprägen.

Einstieg gleich mit Musik:

Ⓝ Uebungsform:

Im grossen Kreis lässt sich der Bewegungsablauf auch ohne Partner skizzieren; auf rechts und links kommt es bei den Drehungen noch nicht an.

▶ 46

NIGUNO SHEL YOSSI

"Steckbrief":

"Swing"	▶ Ausschwingen des Spielbeines ▶ Terminologie
"Swingschritte im Paar	▶ Rundtanz, s. Einführung 161

Sprechrhythmus und Gedächtnisstütze:

A	alle im grossen Kreis: ΛΛ	
	"Swing nach rechts - Swing nach links - vier Schritt' zur Mitte, Swing nach rechts - Swing nach links - vier Schritte geht's zurück"	2x
B	Partner voreinander:	
	"rechts knips - links knips - aneinander gehts vorbei, mit dem Nächsten rundherum - rundherum - rundherum"	2x

Einstieg gleich mit Musik:

Ⓚ Kurzeinführung:

Teil A kann gleich zu Musik nachgeahmt werden - erst auf Zuruf kommt es auf rechts/links an...

Teil B zuerst trocken einführen: z.B. nur das Knipsen und Vorbeigehen zu Sprechrhythmus tanzen (Vgl. "gegenläufige Kreise" in "Grosser Atlantik"). Paardrehen im Anfang evtl. durch einfacherer Form ersetzen (s. Tanzbeschreibung).

▶ 47

ZIGEUNERPOLKA

Gedächtnisstütze:

A "Polka mit Partner": Rundpolka oder vereinfachte Form (s. unten)

B "Verneigung" V ∩ : zum eigenen Partner - zum Gegenüber links - zum Gegenüber rechts - zum eigenen Partner

"Abklatschen" V ∩: "eigene Hände - fremde Hände" bis zum 8ten!

(K) Kurzeinführung:

Mit fortgeschrittenen Schülern kann gleich die Endform instruiert werden - je nach Können ATeil Rundtanz oder individuelle Form in offener Fassung.

Einstieg gleich mit Musik!

(N) Aufbaureihe über Spielformen:

- Im Kreis, ohne Paare, Kennenlernen des Musikablaufes:

  A gehen, hüpfen oder Seitgalopp →
  B verbeugen: Zum einen oder andern Nachbar oder einem beliebigen Mittänzer ...
  Klatschteil: an Ort oder gehen → z.B. abwechslungsweise in Hände klatschen, auf Oberschenkel patschen.

- Als Mixer frei im Raum:

  A tanzen mit Partner frei im Raum, beliebig
  B verbeugen: zum Partner, zu irgend einem fremden Partner.
  Klatschteil: solo frei im Raum auf "Partnersuche", z.B. abwechslungsweise in Hände klatschen, auf Oberschenkel patschen.

Vereinfachte Formen für A Teil:

- offene Fassung, Polkaschritt oder Gleithüpfen
- Zweihandfassung, Seitgalopp
- einfache Rundtanzformen:
  z.B. Rad, Polkaschritt oder Gleithüpfen;
  Zweihandfassung (evtl. gekreuzt), Seitgalopp

Vereinfachte Form für B Teil:

- Kein Partnerwechsel, an Ort mit dem gleichen Partner klatschen.

▶ 41

ALEWANDER

"Steckbrief":

"Slalom gehen" Paardrehen

Gedächtnisstütze

► vgl. Krebspolka

A KREIS ◄, KREIS ►

B ∩ = "SLALOM GEHEN" ► BIS ZUM 8TEN: "LUEG DER ERSCHT VO VORE, DER ZWÖIT VO HINDE, DER..."

Λ = 4 RÜCK - 4 VOR ... TOTAL 4x

C DREHEN MIT 8. PARTNER ↻, ↺ (MIT RÜCKENKREUZFASSUNG)

Ⓚ Kurzeinführung:

Nur mit fortgeschrittenen Schülern empfiehlt sich eine "Trockeninstruktion". Für den zweiten Teil ist es von Vorteil, wenn "Slalom gehen" z.B. von Krebspolka schon bekannt ist.

Einstieg gleich mit Musik:

Ⓝ Einführung über Uebungsformen ohne Paare:

Sowohl die Schrittfolge des Tänzers wie der Tänzerin eignet sich - etwas vereinfacht - als Uebungsform.

1. Uebungsform: Folge des Tänzers:

A wie Endform
B wie Endform
C vereinfacht: drehen um sich selber in die eine, dann in die andere Richtung.

2. Uebungsform: Folge der Tänzerin:

A wie Endform
B vereinfacht: gehen frei im Raum, auf jeden 4. Schritt "grüssen", enden im Kreis.
C vereinfacht wie in der 1. Uebungsform, oder: Drehen mit beliebigem Partner.

Mögliche Einführung des Partnerwechsels:

- Ohne Musik, Tänzer bleiben stehen:
  Die Tänzerinnen gehen in Tanzrichtung an 8 Tänzern vorbei, neuer Platz auf der rechten Seite des 8. Tänzers: "Am Erschte vorbi, am zwöite vorbi..."

- Ohne Musik, Tänzer bleiben stehen:
  Die Tänzerinnen gehen Schlange: "Der Erscht vo vore, der Zwöit vo hinde..."

- Endform

Mögliche Einführung des Paardrehens:

- Der Uebergang vom Slalom zum Drehen ist nicht so einfach:
  Vereinfachte Drehfigur in offener Fassung: Tänzer kommt der Tänzerin in einem kleinen Bogen ↻ entgegen, im gleichen Sinn als Paar weiterdrehen.

► 44

KREBSPOLKA

Die Krebspolka mit dem vereinfachten zweiten Teil "Slalom gehen" eignet sich gut als Vorbereitung für die Einführung der Kette.

"Steckbrief"

Rhythmus "lang - lang - kurz - kurz - lang" Nachstellschritte seitwärts und Seitgalopp "Slalom gehen" auf 4 Schritte

▶ Vgl. "Grundrhythmen" und weitere Tänze mit gleichem Rhythmus

▶ Vgl. Alewander

▶ Einführung "Kette"

Gedächtnisstütze und Sprechrhythmus:

SEIT-NACHSTELLEN-SEIT-NACHSTELLEN-GALOPP-GALOPP-SEIT-und GALOPP-GALOPP-..... } 2mal Tänzer: ZUM 1. "TOR" HINAUS, ZUM 2. "TOR" HINEIN... Tänzerin: ZUM 1. "TOR" HINEIN, ZUM 2. "TOR" HINAUS...

(K) Kurzeinführung:

Nur mit einer fortgeschrittenen Klasse kann gleich die Endform mit Sprechrhythmus eingeführt werden - es empfiehlt sich jedoch eine

(N) Einführung mit Uebungsform im grossen Kreis:

Mit Sprechrhythmus/mit Musik Schrittfolge der Tänzerin tanzen; Teil B als "4 Schritte hinein - 4 Schritte hinaus..."

Einstieg gleich mit Musik:

Aufbaureihe über Spielformen nachahmen im grossen Kreis:

1. Teil A: Klatschen
   Teil B: Stets auf die erste von vier Zählzeiten einander zunicken
   Ziel: Rhythmus und musikalische Gliederung kennenlernen
2. Teil A: Im Rhythmus Schlusssprünge vorwärts zur Kreismitte und zurück...
   Teil B: Gehen frei im Raum mit "Passanten grüssen", enden im Kreis
3. Teil A: Mit Nachstellschritten seitwärts und Seitgalopp zur Mitte, Galopp zurück
   Teil B: Wie 2.
4. Teil A: Wie 3., jedoch mit Partner Zweihandfassung
   Teil B: Wie 2., jedoch zum Schluss mit neuem Partner aufstellen
5. Hier kann die Einführung der Endform anschliessen; Slalom zuerst einmal ohne bestimmte Schrittzahl "ablaufen", dann mit Sprechrhythmus ausführen.

▶ 40

ZAMAR NODED

"Steckbrief":

Kette Paardrehen

- ▶ Einführung Kette 138
- ▶ Vgl. Krebspolka und Alewander (beide "Slalom gehen")
- ▶ Vgl. andere "Kettentänze" wie z.B. Oh Susanna, (MuOS), Holsteiner Dreitour.

Gedächtnisstütze:

KETTE "AUF 4 SCHRITTE" BIS ZUM 9. PARTNER - 2MAL "SEITGALOPP ZUR MITTE UND ZURUECK - DREHN' IN ISRAELI-FASSUNG"

(K) Kurzeinführung:

Ist die Kette bekannt, kann mit fortgeschrittenen Schülern nach einer kurzen Instruktion die Endform getanzt werden.

Einstieg gleich mit Musik:

(N) Aufbaureihe über Uebungsformen

1. 1. Uebungsform: Frei im Raum, keine Paare:

   A Gehen frei im Raum: stets auf den ersten von vier Schritten beliebigem Partner zunicken...

   B Galopp hin-her von beliebigem Platz aus/später auch auf Ansage von Kreislinie aus "zur Mitte und zurück", drehen um sich selber.

2. 2. Uebungsform: Frei im Raum, beliebiger Partner:

   A Wie 1. Uebungsform, enden bei beliebigem Partner, Zweihandfassung

   B Wie 1. Uebungsform, jedoch mit Partner, drehen in Israelifassung

3. 3. Uebungsform - wie 2. Uebungsform, jedoch:

   A Auf den ersten von vier Schritten beliebigem Partner die Hand geben: abwechslungsweise rechte, linke Hand (Ansage!) (= Vorbereitung Kette).

4. Einführung Kette

   ▶ 137 Einführung Kette; hier eignet sich eher die Einführung aus dem "Platzwechsel" heraus, da die Kette langsam und "in grossen Bogen" getanzt wird.

▶ 48

SALTY DOG RAG

Mit diesem Tanz können die Grundformen des Paartanzes: "miteinander","auseinander", "zueinander"... besonders gut erfahren werden.

"Steckbrief":

Schritt-Hop
Handtour
"Fussmotiv"

▶ Vgl. "Manhattan"

Sprechrhythmus "Schritte" ▶ Tanzbeschreibung
Gedächtnisstütze zur Tanzform:

1. Figur:	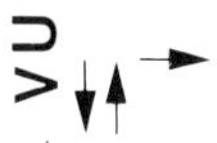	"Zäme-n-use-zäme-n-ine-miteinander geht's gradaus"	2mal
Refrain:	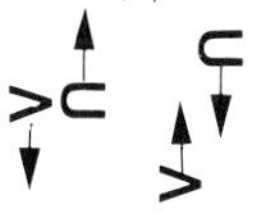	"Auseinander-zueinander-miteinander geht's rings um"	2mal
2. Figur:		"Fussmotiv ...... miteinander geht's gradaus"	2mal

Gleich die fertige Schrittfolge in der Paarform zu tanzen ist auch mit Fortgeschrittenen erst nach einem längeren Trockentraining möglich - deshalb:

Einstieg gleich mit Musik:

(N) Aufbaureihe über Nachahmung - "Zuerst der Schritt, dann die Figur"

1. Kreis ohne Partner: Schritte der 1. Figur und des Refrains ertanzen:
   - Fortlaufend Schritt-Hop in →
   - Im Frontkreis, dann im Flankenkreis Motiv "seite-hinten-seite-Hop" zuerst als "seit-nachstellen-seit-Hop" nach Sprechrhythmus tanzen
   - 1. Kombination: "hinaus-hinein - 4 Schritt-Hop" = Uebungsform 1. Figur
   - 1/1 Drehung auf "Schritt-Schritt-Schritt-Hop"
   - 2. Kombination: "hinaus-hinein mit Drehung - 4 Schritt-Hop" = Uebungsform Refrain
2. 1.Figur im Paar nach Sprechrythmus/Musik tanzen
3. Refrain
4. Vereinfachte Tanzfolge (1. Figur und Refrain) tanzen
5. Dito zuerst in Kreis ohne Partner Uebungsform der 2. Figur ertanzen

(A) Bewegungsaufgabe - "zuerst die Figur, dann der Schritt"

Am Beispiel "Refrain":
Paarweise frei im Raum:
- *"Tanzt eure Version zu "auseinander-zueinander-miteinander-miteinander"*
- *In welchem Moment lässt sich eine Drehung um sich selber einbauen"?*
- Lösungen besprechen; alle tanzen Grobform des Refrains
- Nach Sprechrhythmus Endform der Schritte tanzen.

▶ 54

TROIKA

"Steckbrief" / Gedächtnisstütze:

LAUFEN IN DREIERREIHE, 16 SCHRITTE

"SCHLÜÜFE" ÄUSSERE TÄNZERIN, 8 SCHRITTE
"SCHLÜÜFE" INNERE TÄNZERIN, 8 SCHRITTE

DREIERKREIS ↺ , 16 SCHRITTE
DREIERKREIS ↻ , 16 SCHRITTE

▶ andere Triotänze:
"Pop goes the Weasel"
"Dreier-Mixer"
"Te ve'orez"
"Machar"

(K) Kurzeinführung:

Mit fortgeschrittenen Schülern kann die Endform nach einem kurzen Trockentraining getanzt werden - zuerst ohne Partnerwechsel, evtl. frei im Raum.

Einstieg gleich mit Musik:

(N) Uebungsform im Trio, ohne Partnerwechsel, auf Ansage:
Frei im Raum oder im Kreis, anstelle "Schlüüf"-Figur "drehen Solo" (↻ ↺).

Aufbaureihe über Nachahmung / Ansage: (z.B. auch mit Universalmelodie)

- Im grossen Kreis mit verschiedenen Lauffiguren Phasen der Musik erfassen: laufen im Kreis, zur Mitte und zurück, drehen um sich selber...
- oder frei im Raum auf Ansage Gerade, Kurven... laufen, drehen, um sich selber... drehen mit beliebigen Partnern, beliebige Kreise bilden, z.B. auf Zuruf "zu dritt", "zu fünft"...

(A) Aufbaureihe über Bewegungsaufgaben: (z.B. auch mit Universalmelodie)

- Laufen frei im Raum, Richtungswechsel nach "Ecken" der Musik
- Lauffiguren auf 16, 8... Zählzeiten: Gerade, Kreis, 8ter...
- Lauffiguren mit Partner ("führen/folgen")
- Folge auf 4 x 16 Zählzeiten einzeln/mit Partner
- Mögliche "Schlüüf"-Figuren im Trio finden ▶ 61

DREIERMIXER

"Steckbrief":

Swingschritt

▶ Einführung Swingschritt 161

Gedächtnisstütze:

- PROMENADE ZU DRITT

dann äussere Tänzerin durchs Tor und:
- INNEN KREIS , AUSSEN SWING

(K) Kurzeinführung:

Ist z.B. "Pop goes the weasel", "Te ve'orez" oder "Troika" bekannt, kann dieses Tanzspiel nach einem kurzen "Trockentraining" in "Zeitlupe" getanzt werden. Der Swingschritt kann im Anfang noch mit Geh-, Hüpf- oder Seitgaloppschritten ersetzt werden.

▶ 35,

POP GOES THE WEASEL: Paarmixer und Trio:

"... Weg ist das Wiesel!" Musik und Bewegung "Sprechen für einander": An diesem Musik- bzw. Tanzbeispiel können Musik- und Bewegungsphase und -akzent besonders gut erfasst und mit einer konkreten Vorstellung verbunden werden:

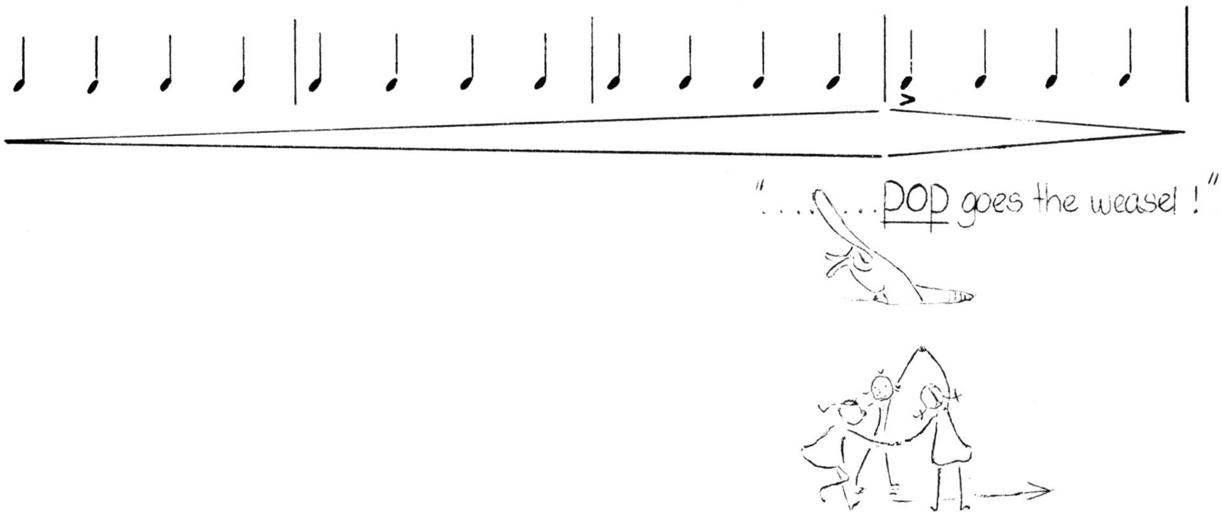

Ⓐ Einführung über Spielformen z.B.:

Ziel: Koordination Akzent Musik/Bewegung:

- Gehen im grossen Kreis, auf Akzent sich "ducken", unter "eigenem Arm durchschlüpfen".... dito auch frei im Raum... mit Partner verschiedene "Schlüüf"-Figuren finden.

▶ 35

TE VE'OREZ

Vgl. Partnerwechsel in "Pop goes the weasel", "Troika", "Machar"

Gedächtnisstütze und Sprechrythmus:

"SPAZIEREN MITEINANDER BIS ACHT SCHRITT VORBEI, SEITGALOPP HINEIN UND SEITGALOPP HINAUS, KLATSCHEN HINEIN UND KLATSCHEN HINAUS, 4MAL HUEPFEN MITEINANDER - 4MAL HUEPFEN ZUM WECHSELN"

In diesem Tanz wird das elementare Empfinden für Kreislinie und Kreismitte besonders angesprochen. Mit den Grundbewegungsarten gehen, hüpfen, Seitgalopp eignet sich Te ve'orez für den Anfängerunterricht.

Ⓝ Einführung evtl. über Uebungsform im grossen Kreis:

1. Vorschlag: Mit oder ohne Musik - evtl. unterstützt mit Sprechrhythmus - Schrittfolge gleich nachahmen.
2. Vorschlag: Als Konzentrationsaufgabe "Echotanzen": Lehrer tanzt "stumm" stets eine Schrittfolge auf 8 Zählzeiten vor - Schüler "antworten".
   Ziel: Phasen empfinden, Bewegungsgedächtnis.

▶ 59

MACHAR

"Steckbrief":

> Triotanz
> Grundschritt: "4 Laufschritte - 2 Schritt-Hop"
> Rad auf 4 Schritte / auf 8 Schritte

▶ vgl. "Troika", "Te ve'orez"

Gedächtnisstütze:

"LAUF	- LAUF	- LAUF	- LAUF	- SCHRITT	- HOP	- SCHRITT	- HOP"	4MAL
"WIE	- GE	- WIE	- GE	- VIER	- SCHRITT	- RECHTS	- UM,	1.MAL
ACHT	- SCHRITT	- LINKS	- UM	mit - AN	- DREM	- PART	- NER"	
"WIE	- GE	- WIE	- GE	- VIER	- SCHRITT	- RECHTS	- UM,	2.MAL
VIER	- SCHRITT	- LINKS	- UM	- VIER	- SCHRITT zum -	WECH	- SELN"	

Ⓚ Kurzeinführung für Fortgeschrittene über Uebungsformen:

1. 1. Uebungsform im Kreis, ohne Partner

   A wie Endform: > →

   B "Ersatzform": ∧ ↑↓ Gewichtsverlagerung rechts links; 4 Schritte ("grosse") zur Mitte, 8 Schritte ("kleine") zurück.

2. 2. Uebungsform im Kreis, ohne Partner, jedoch:

   B ähnlich Endform: ∧ Gewichtsverlagerung rechts, links;
   Mit 4 Schritten 1/1 Drehung ↻ (rechter Arm eingestützt)
   Mit 8 Schritten 1/1 Drehung ↺ (linker Arm eingestützt)

3. Endform: Zuerst ohne Partnerwechsel; Weg des mittleren Tänzers zuerst "trocken", ohne Rhythmus, abschreiten...

Einstieg gleich mit Musik:

Ⓝ Aufbaureihe über Nachahmung:

- Musik und Schrittelemente "ertanzen" im Kreis, ohne Partner:
- "Einstimmen": Musik hören, mit Körper/Händen "mitwiegen", skizzieren... evtl. abwechslungsweise mit Laufen, Hüpfen frei im Raum.
- Laufen → .....Hüpfen → .....zuerst ohne überkreuzen
- "4 Laufschritte - 2 Schritt-Hop", zuerst an Ort (auf rechts/links kommt's nicht an)
- Gewichtsverlagerung seit - seit....
- "wiege - wiege - 4 Schritte zur Mitte - 8 Schritte zurück..."
- Hier können die Uebungsformen anschliessen (s.oben)

▶ 60

VIRGINIA REEL

"Steckbrief":

Aufstellung in 2 Reihen:
Handtour Rad Dos-à-Dos und "Si-so"

▶ Vgl. Haymakers Jig

▶ Vgl. Shuffle Mixer

Gedächtnisstütze:

schneller Teil:

A - 6 Figuren: (= 6mal 8 Schritte)

REIHEN vor und zurück und HANDTOUR rechts,

HANDTOUR links und KREIS ↻ ,

DOS-A-DOS und SI-SO,

- Paar 1 SEITGALOPP die Gasse "hinab" und "hinauf" (= 2mal 8 Schritte)

C - Paar 1 RAD: rechts mit eigenem Partner 1½ ,
dann jeweils Rad links mit nächstem fremden Partner,
"dazwischen" immer Rad rechts mit eigenem Partner ...
= total 1 "Startrad" à 8 Schritte und 10mal Rad à 4 Schritte
(=6mal 8 Schritte)

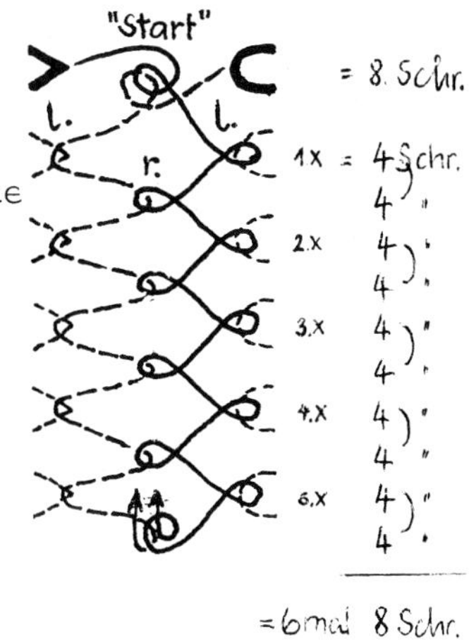

- Paar 1 SEITGALOPP die Gasse "hinauf" (=8 Schritte)

D *langsamer Teil:* PROMENADE ("Marsch") und TOR

Kurzeinführung:

Fortgeschrittene Schüler können die Figuren von Teil A gleich nach Ansage, den B-Teil nach kurzem Trockentraining tanzen, wenn ähnliche Tanzfolgen schon bekannt sind.

Einstieg gleich mit Musik:

Einführung über Uebungsformen:

Die Figuren wie Handtour, Rad, Paarkreis, Dos-à-dos, Si-so, "Vor und Zurück", können auf vielfältige Art in "Frei im Raum-Formen", in Reihenformation zu beliebiger Universalmarschmelodie auf Ansage getanzt werden: z.B. zwischen den verschiedenen Figuren als "Refrain" stets ein "Vor und Zurück" (der Reihen).

Es kann aus diesen Grundfiguren ein selbstentwickelter Reihentanz entstehen.

Bewegungsaufgaben:

Im Unterrichtsbeispiel zum Thema "Partner" (Methodik allg. Teil) werden die Paarfiguren auf kreative Art erarbeitet.

▶ 63

HAYMAKERS JIG

"Steckbrief":

Aufstellung in 2 Reihen:	
"Balance" "Swing"-Rundtanz	▶ Vgl. Virginia Reel ▶ Vgl. "Wechselschritt an Ort" Terminologie
"Ladies Chain" = Damenkette	▶ Vgl. Grand Square

Vorstellungshilfe und Gedächtnisstütze:

A	A (Wh)	B	B (Wh)

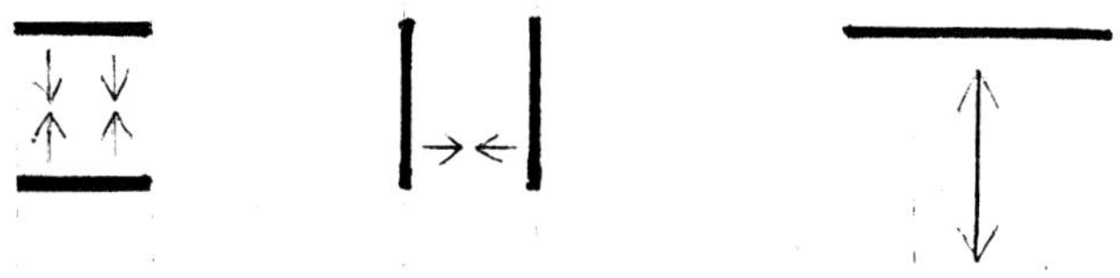

Balance+Swing mit fremdem Partner (Plätze getauscht)	Balance+Swing der aktiven Paare	4er-Reihe hinunter, hinauf	Damenkette hin und zurück

Ⓚ <u>Kurzeinführung</u>

Mit fortgeschrittenen Schülern können die Figuren gleich in der Reihenformation eingeführt werden.

Ⓝ <u>Einführung über Uebungsformen:</u>

Balance und Swing können auch frei im Raum paarweise/mit zwei Paaren gegenüber getanzt werden.

▶ 65

GRAND SQUARE

"Steckbrief":

Aufstellung im 4-Eck:	
- Tanzfolge in Refrainform - 4 Paare im Viereck	▶ Vgl. La Croisée, Holsteiner Dreitour
- Figuren: - Vierecke (=Refrain)	▶ Vgl. "Bodenmuster" von La Crois
- Paarkette	▶ Vgl. La Triomphante
- Damenkette	▶ Vgl. Haymakers Jig
- Halbe Promenade u. Paarkette	

Vorstellungshilfe und Gedächtnisstütze:

Ablauf: R e f r a i n — F i g u r

16 Schr. | 16 Schr. | 16 Schr. | 16 Schr. | 16 Schr. | 16 Schr.

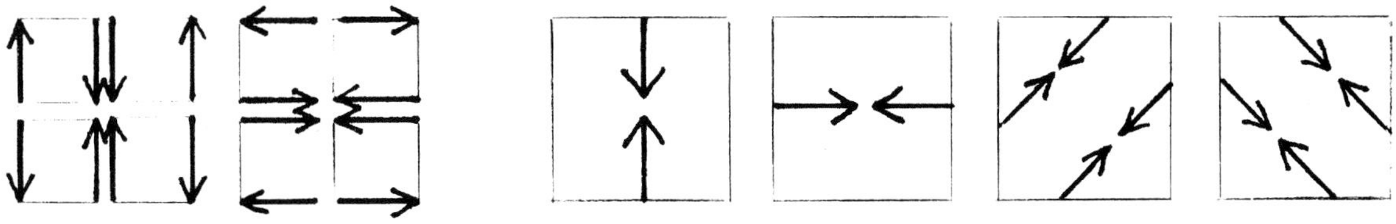

Viereck | Viereck gegengleich | Hauptpaare | Seitenpaare | 1.Diagonale | 2.Diagonale

1. Durchspiel: Refrain + Paarkette
2. Durchspiel: Refrain + Damenkette
3. Durchspiel: Refrain + Halbe Promenade + Paarkette
   Schluss: Refrain.

(K) Kurzeinführung:

Nur mit fortgeschrittenen Schülern möglich, die mit der Aufstellung und den einzelnen Figuren vertraut sind.

Einstieg gleich mit Musik:

(N) Aufbaureihe über Uebungsformen:

1. Phasen der Musik erfahren: Gehen einzeln frei im Raum, Phasen à 16, 8, 4 Zählzeiten, z.B. durch Klanggesten, scharfer Richtungswechsel, Wechsel von vorwärts auf rückwärts kennzeichnen; Vierecke à 4 x 4 Schritte gehen, mal vorwärts, mal rückwärts.

2. Figuren vorbereiten: ohne und mit Musik:
   - Paarweise frei im Raum: 4 Schritte aufeinander zugehen, 4 Schritte zurück; verbinden mit Platzwechsel rechtsschultrig über 8 Schritte; jeder Partner geht auf seinem Viereck
   - Alle Figuren können mit nur 2 Paaren frei im Raum geübt werden.

3. Aufstellung im Viereck: "Raumweg" jeweils zuerst abschreiten noch ohne vorgeschriebene Schrittzahl; die Vierecke hin und zurück zuerst nur von den Hauptpaaren, dann nur von den Seitenpaaren abschreiten lassen.

4. Eine erste Zusammenhängende Folge z.B. mit Refrain und nur einer Figur tanzen; anstatt Diagonale kann im Anfang nur abwechslungsweise "Hauptpaar"/Seitenpaar getanzt werden.

(A) Mögliche Bewegungsaufgaben: (auch zu einer beliebigen Universalmelodie möglich)

- Nach 1.: Mit Partner "Führen/Folgen" tanzen: Spielen mit den Richtungen und Begegnungsmöglichkeiten; gehen miteinander, auseinander, zueinander ... gemeinsame Kombination von Vorwärts- und Rückschritten ... Formen auf dem Grundriss eines Vierecks finden ... z.B. einander nie aus den Augen lassen ...

- Nach 2.: In der 4-Paargruppe: Wege finden, wie die erfahrenen Figuren auch "zu acht", auf dem Grundriss eines grossen Vierecks getanzt werden können.

- Nach 3.: Refrain z.B. vorschreiben (Vierecke), Strophen frei gestalten lassen.

- sozusagen als "Variante" der selber gefundenen Formen kann die Folge "Grand Square" vorgestellt werden.

▶ 68

HOLSTEINER DREITOUR

"Steckbrief":

Aufstellung im 4-Eck:	
	▶ Vgl. Grand Square, La Folie à la Mode, La Triomphante, La Croisée
Handtour	
Mühle	
Kette	▶ Einführung Kette 137

Vorstellungshilfe und Gedächtnisstütze:

Refrain:

Zählzeiten:

2 x 8

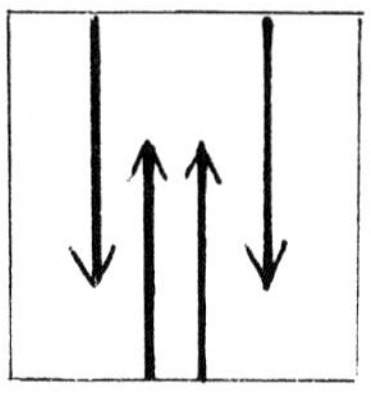

PLATZWECHSEL und zurück, zuerst Paar 3 Tor

2 x 8

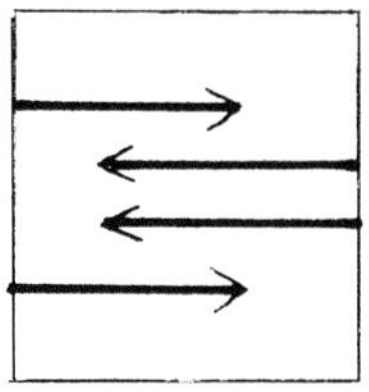

PLATZWECHSEL und zurück, zuerst Paar 4 Tor

32

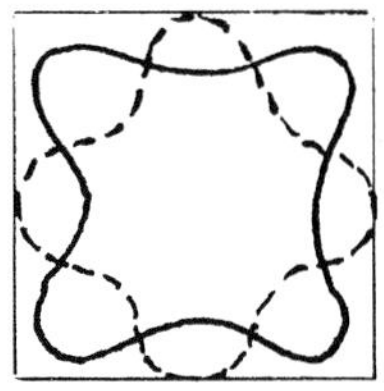

KETTE mit HANDTOUR auf dem Gegenplatz und Ausgangsplatz

1.Figur: 2x16

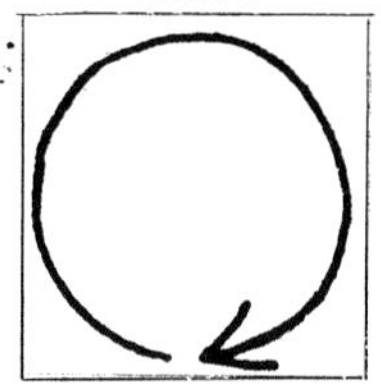

KREIS nach links, nach rechts

2.Figur: 2x16

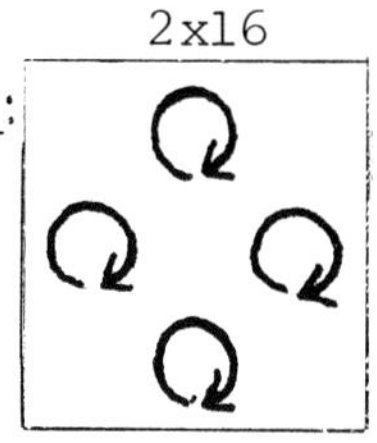

HANDTOUR rechts, links

3.Figur: 2x16

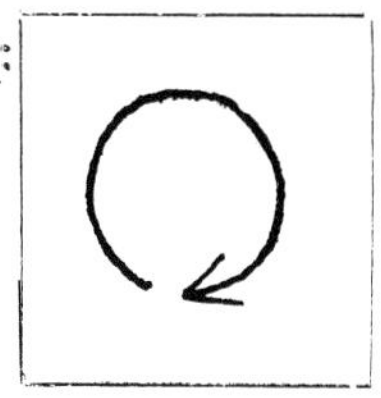

TAENZERINNEN-KREIS nach links, nach rechts

4.Figur: 2x16

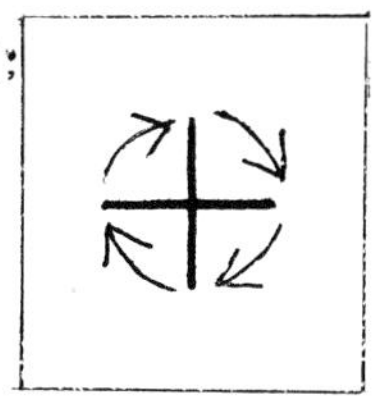

TAENZERMUEHLE rechts, links

Folge: 1.Figur-Refrain-2.Figur-Refrain-3.Figur-Refrain-4.Figur-Refrain-1.Figur

Kurzeinführung:

Mit Schülern, die die Aufstellung und die einzelnen Figuren kennen, lässt sich gleich die Endform tanzen - es lohnt sich jedoch ein

Einstieg gleich mit Musik:

Einführung mit Spielformen:

Die Figuren Kreis, Handtour, Mühle, Platzwechsel mit Tor, können frei im Raum als "Begegnungsspiel" getanzt werden.
Einführung "Grand Square".

▶ 66

LA CROISEE

"Steckbrief":

Aufstellung im 4-Eck:	▶ Vgl. Grand Square, La Triomphante, La Folie à la Mode, Texas Star, Holsteiner Dreitour
RONDOFORM	▶ Vgl. Grand Square
Austausch der Partner	▶ Folie à la mode
Seitgalopp	

Vorstellungshilfe und Gedächtnisstütze:

1. Figur - Refrain - 2. Figur - Refrain - 3. Figur - Refrain - 4. Figur - Refrain

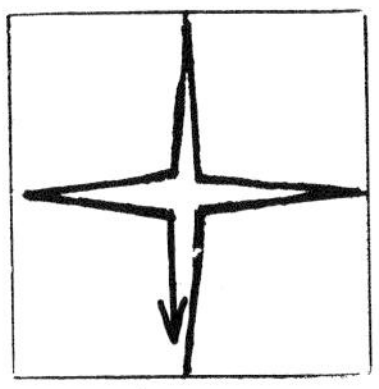

gezeichnet für Paar 1: "auf einem Kreuz tanzen"

1. Figur

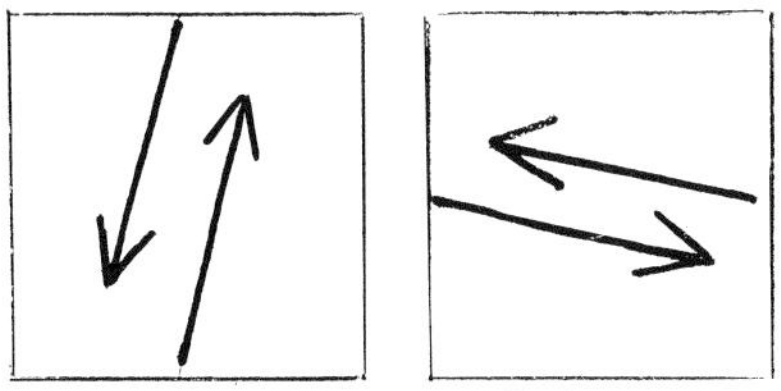

PLATZWECHSEL
Paare 1 u. 3   Paare 2 u. 4

2. Figur

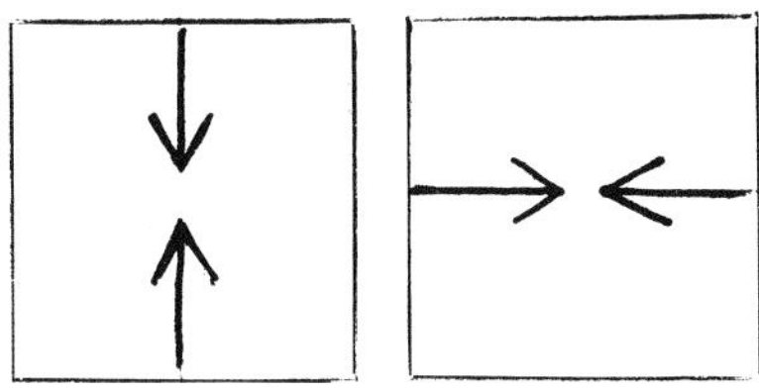

ZUR MITTE UND ZURUECK
Paare 1 u. 3   Paare 2 u. 4

3. Figur

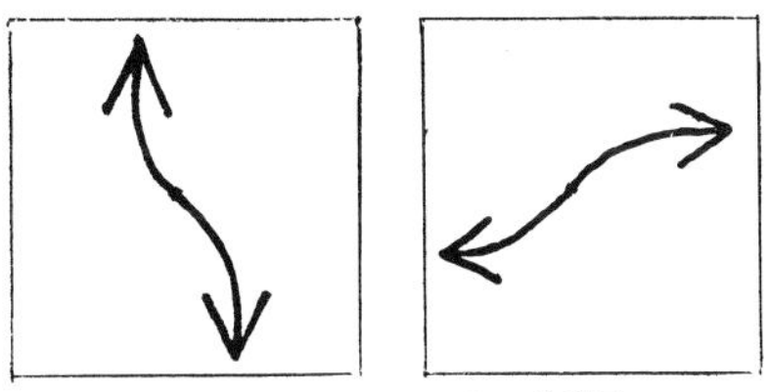

MAEDCHENTAUSCH
Paare 1 u. 3   Paare 2 u. 4

4. Figur

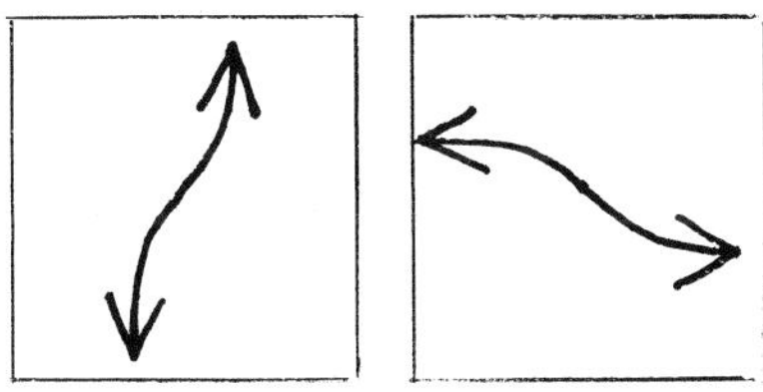

BURSCHENTAUSCH
Paare 1 u. 3   Paare 3 u. 4

Das Tanzen der fertigen Endform setzt ein längeres Trockentraining voraus - deshalb empfiehlt sich

Einstieg gleich mit Musik:

(N) Aufbaureihe über Uebungsformen:

- Musik und Schrittart erfahren: einzeln Seitgalopp frei im Raum auf Signal/ auf empfundenen Akzent in der Musik "Seiten"- evtl. Richtungswechsel - dito auch im Paar, Zweihandfassung... dann auch mit der Schrittkombination "2 Seitgaloppschritte, Seitschritt, Schlusstritt".

- Die einzelnen Figuren: "Refrain", "Platzwechsel", "zur Mitte", "Partnertausch" können auch nur von zwei sich gegenüberstehenden Paaren geübt werden.

▶ 71

LA TRIOMPHANTE

"Steckbrief":

4 Paare im Viereck
- Figuren: - "Visite"
- "Paarkette"

▶ Vgl. La Folie à la Mode
▶ Vgl. Grand Square

Vorstellungshilfe und Gedächtnisstütze:

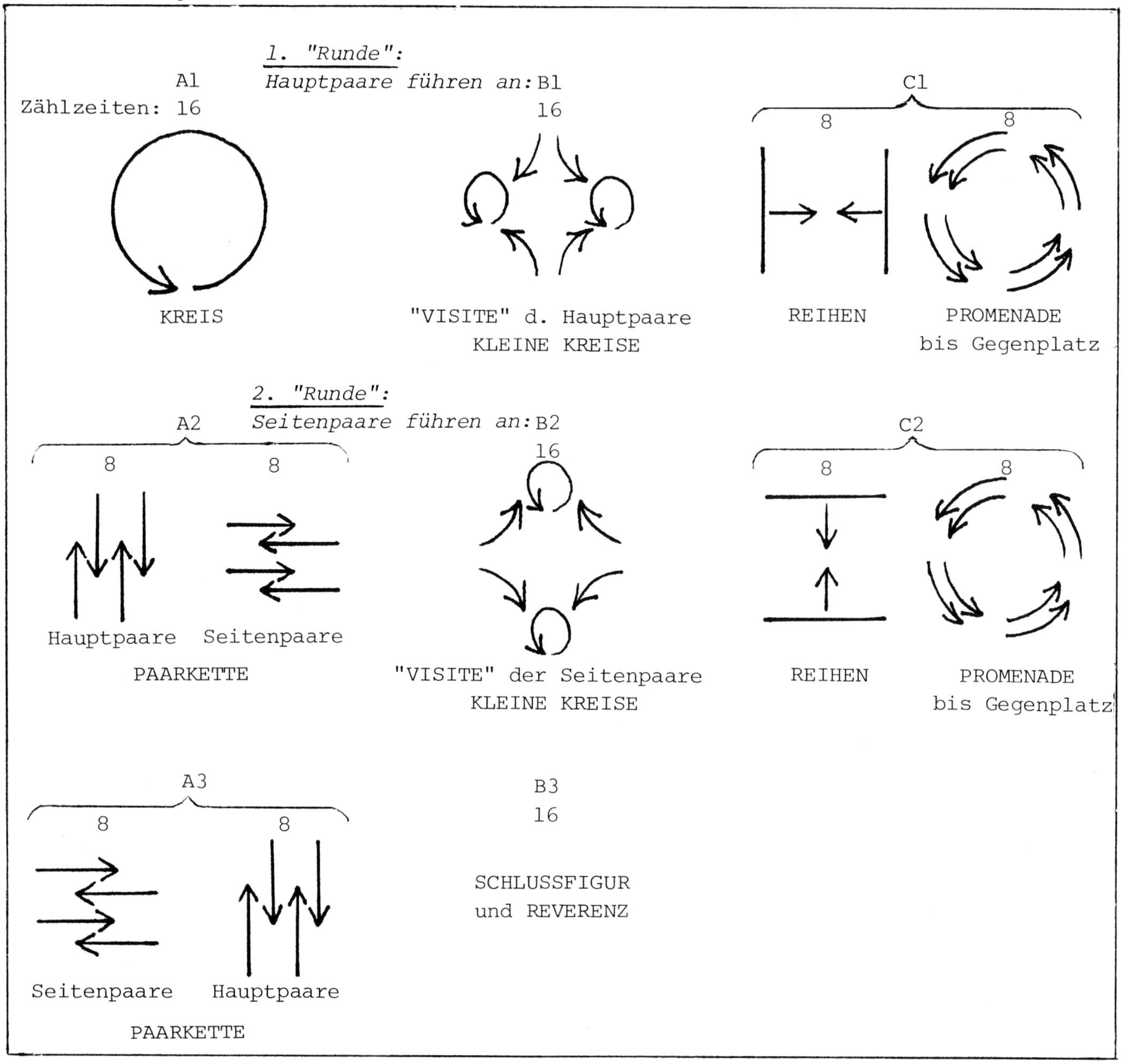

Um den Schülern ein langes Einüben ohne Musik zu ersparen, lohnt sich eine

Aufbaureihe über Uebungsformen:

- Zu Musik gehen paarweise frei im Raum ... mit anderem Paar: 2-Paarkreis ... 4 Schritte aufeinander zu und zurück ...
- die Figur "Paarkette" kann auch mit 2 Paaren frei im Raum geübt werden (evtl. zuerst auf zwei Reihen üben)
- Aufstellung im Viereck: um für den Anfang die Tanzfolge etwas zu erleichtern, können die Figuren während des ganzen Tanzes von den gleichen Paaren (Hauptpaaren/bzw. Seitenpaaren) angeführt werden.

  Eine Hilfe für die Orientierung: "Die "Gäste" kommen auf "Visite". Kreis und Reihe tanzen wir vom Platz des "Gastgebers" aus, die "Gäste" dürfen zuerst mit der Paarkette nach Hause.

LA FOLIE A LA MODE

"Steckbrief":

- 4 Paare im Viereck
- Figuren: - "Bretzel"
  - "Mühle"
  - "Damentausch"
  - "Visite"

▶ Vgl. Holsteiner Dreitour, Doudlebska Polka, La Pittoresque
▶ Vgl. "Visite" bei La Triomphante

Vorstellungshilfe und Gedächtnisstütze:

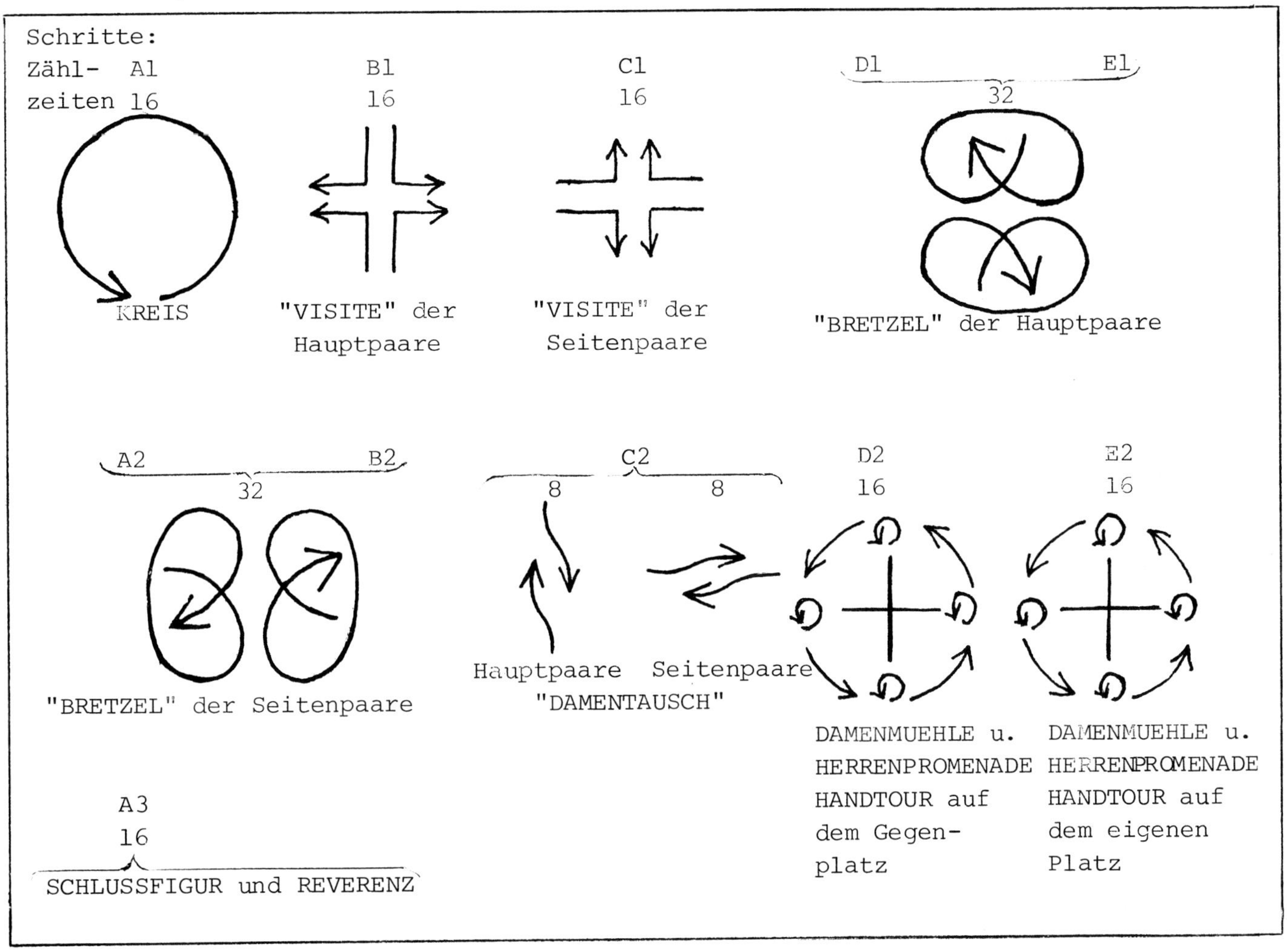

Das Einführen des ganzen Tanzes auf einmal setzt langes "Trockentraining" voraus - deshalb: mit einfachen Grundbewegungen gleich in Musik und Figuren einführen: *Einstieg gleich mit Musik:*

Aufbaureihe über Uebungsformen:

- Einzeln gehen frei im Raum, grüssen, mit beliebigem Partner: Handtour ... 4 Schritte aufeinander zu und zurück ... 4 Schritte aufeinander zu - rechte Hand geben, dabei 1/2 Drehung ("Platztauschen") und auseinander (= Vorübung "Damentausch")
- Paarweise frei im Raum, Mühle mit beliebigem andern Paar ... die Figur "Damentausch" kann auch von zwei Paaren frei im Raum geübt werden.
- In der Vierecks-Aufstellung kann jede Figur einzeln zu Musik getanzt werden.

▶ 73

5.2.2 Beispielgruppe B: Schritt-Technik ("Schritt-Tänze")

Erarbeiten von Tanzschritten:

Unter einem Schrittelement können wir uns eine Einzelbewegung (♩) mit oder ohne Gewichtsübertragung vorstellen.

Unter dem Aspekt Raum/Zeit/Kraft betrachtet, kann das gleiche Element vielfältig ausgeführt werden:

- an Ort/in Fortbewegung, vorwärts/rückwärts/seitwärts/diagonal/kreuzend
- langsam/schnell/rhythmisiert...
- unterschiedlich intensiv (in verschiedenen Bewegungsqualitäten)

Mit diesen wenigen Elementen ergeben sich unbeschränkte Möglichkeiten der Schrittkombination:

Diese Tatsache regt einerseits zur Bewegungsimprovisation an und fördert anderseits das Verständnis für die tradierten Schrittkombinationen.

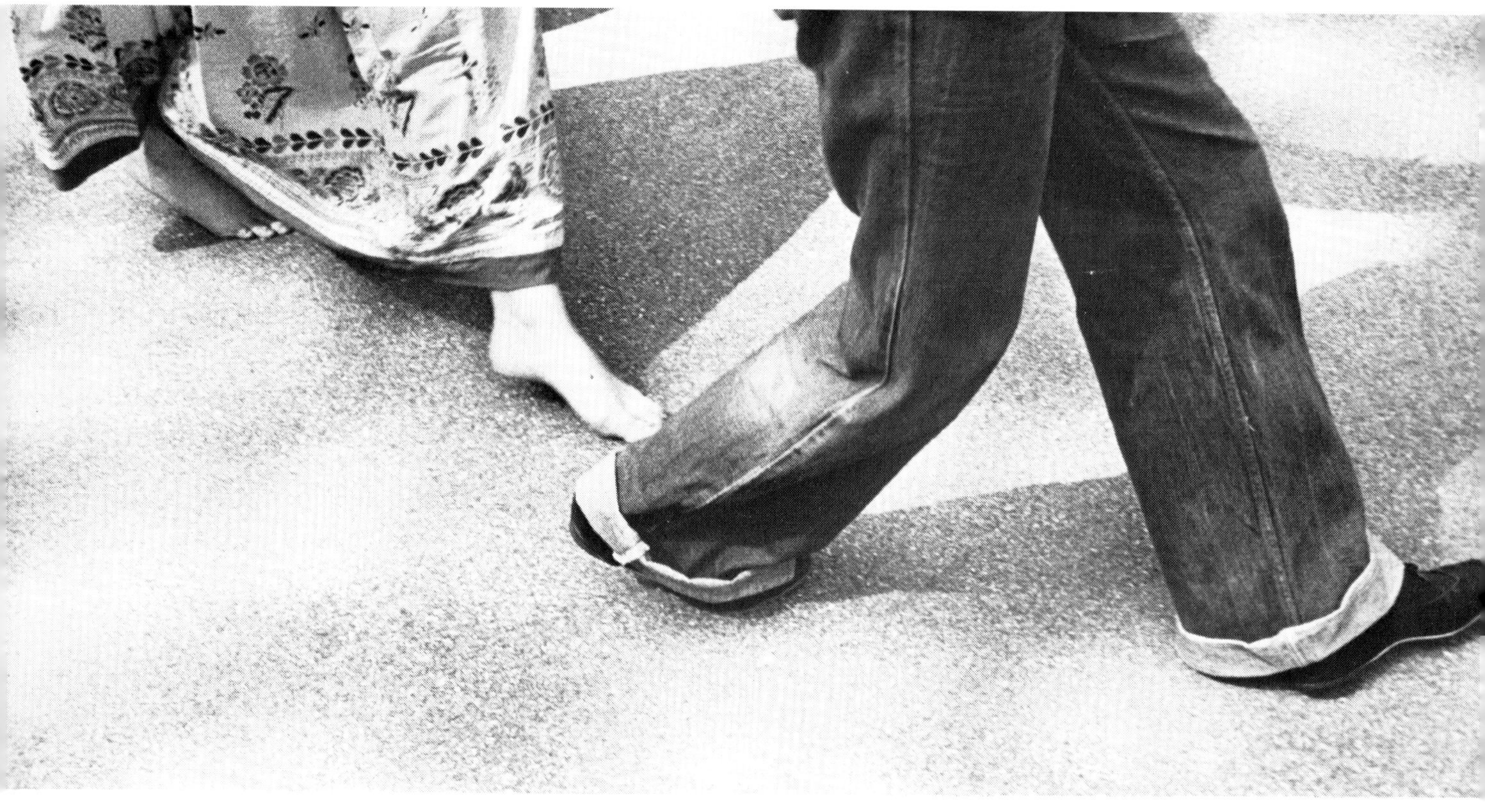

Einführungsvorschläge zu einigen wichtigen Tanzschritten:

Einführung Wechselschritt ♫ ♩:

"Vom Rhythmus zum Schrittbild"

- Rhythmus federn, klatschen, patschen
- abwechslungsweise patschen, links, rechts, d.h. Akzent wechselt
- dazu Schritt an Ort
- Schritte an Ort, allmählich in Fortbewegung kommen z.B. frei im Raum, im Kreis, zur Mitte und zurück..; auf Schrittbild kommt es noch nicht an
  Sprechrhythmus z.B. kurz-kurz-lang
  cha-cha-cha
- mit Schrittbild "Schritt-nachstellen-Schritt"

Einführung Walzerschritt ♪♫♪♫♪:

"Vom Laufen zum Walzerschritt"

Im schnellen 3-Takt fällt uns der Akzentwechsel am leichtesten:
Laufen im 6/8 mit Partner, offene Fassung; durch Vor-Rückschwingen der gefassten Hände im Rhythmus ergibt sich der Akzentwechsel im Schritt von selber.

oder

Vom Rhythmus zum Schrittbild:

Der Walzerschritt kann als "Schrittwechsel im 3-Takt" in der gleichen Art wie Wechselschritt ♫♩ eingeführt werden.

Einführung Swingschritt ♪.♪:

Aufstellung Frontkreis, V-Position, später auch "enger" Kreis: Kreuzfassung vorne oder hinten

"Aus dem Gewichtswechsel an Ort" - "Vom Schrittbild zum Rhythmus":

Rechter Fuss etwas vorgestellt: Gewicht auf ganzen rechten Fuss,
Gewicht zurück auf linken Fussballen, dabei Kreis allmählich nach links ← ziehen, beschleunigen...

oder:

"Aus dem Seitgalopp ♪.♪ "-" Vom Rhythmus zum Schrittbild":

- Seitgalopp → allmählich Schritte verkürzen bis Gewichtswechsel nur noch an Ort, rechter Fuss etwas vorgestellt, allmählich Kreis nach links ← ziehen

Einführung Grapevineschritt: Beispiel "vorne-seite-hinten-seite...": (→)

Ⓝ Einführungsmöglichkeiten über Nachahmung:

- Endform nach Sprechrhythmus, evtl. mit Vorübung "vor-seit-vor-seit..." und "rück-seit-rück-seit..."

- Aus dem Gehen/Laufen im Kreis (evtl. gleich mit Musik)... dabei allmählich Front zur Mitte: Kreuzschritte ergeben sich von selber..., nun mal vorne, mal hinten kreuzen.

- Aus Vor- und Rückschritten an Ort (evtl. gleich mit Musik): links Schritt vor, rechts nachstellen, links Schritt rück, rechts nachstellen... Kreis allmählich nach rechts ziehen: Kreuzschritte ergeben sich von selber...

Ⓐ Einführung über Bewegungsaufgaben:

1. *"Lauft zur Musik frei im Raum, auf Signal (z.B. Klatschen) "Gangwechsel"... ihr habt nicht nur Vorwärts- und Rückwärtsgang..."*

2. *"Lauft irgendeine Form am Boden - z.B. "Acht", Zahl, Buchstaben,... auch mit Blick stets in gleiche Richtung... wie kommt ihr mit den Füssen zurecht?"*

3. *"Sucht verschiedene Möglichkeiten, seitwärts zu laufen"*

(Grapevine)

4. Beispiele besprechen und gemeinsam mit Sprechrhythmus ausführen; Formen, die mit dem "vorderen" Bein (Bein in Bewegungsrichtung)/mit dem "hinteren" Bein beginnen; Formen mit Nachstellen, Kreuzen... Welches sind besonders "praktische", "geläufige" Formen?

5. Gestaltungsaufgaben: Grapevine, Laufschritte,Schritt-Hop... "Schrittpakete" z.B. à 4 Zählzeiten, Schrittfolge z.B. 4 x 4 Zählzeiten.

AUFBAUREIHE GRUNDSCHRITTE AUS DEM POPTANZ am Beispiel "Simple"/"Double"

Ⓝ Ueber Nachahmung:

Ein solcher Poptanz ist mehr nur eine "Tanzregel" aus "Universaltanzschritten", die beliebig ausgeführt werden dürfen. Es lohnt sich ein allmähliches "Ertanzen" der Schrittfolge: Je elementarer, spielerischer die Einführung, umso mehr Ausdrucks- und Kombinationsmöglichkeiten stehen dem Schüler zur Verfügung:

Aufstellung frei im Raum, Tanzen nach "Spiegelbild", zu Musik:

Motto:"Von platzgebundenen Bewegungen zu raumgreifenden Bewegungen":

- Musik hören... Metrum aufnehmen mit Klanggesten... Metrum mit ganzem Körper aufnehmen, federn...
- Federn mit Gewicht mal auf dem einen, mal auf dem andern Fuss... Gewichtswechsel mit 1 x nachfedern...
- Gewichtswechsel wird zu Seitschritt mit nachfedern... = "Simple". "Simple" variieren: *"Was tut der unbelastete Fuss ("Luftbein")?:* abheben..., anziehen... alle möglichen Formen von "Tritten" neben/vor/hinter dem Standbein - mit Fussspitze (Tupf/Tip), Ferse, ganze Sohle... stampfen, "Brush", "Kick", "Swing"...
  ▶ Terminologie: "Bewegungen des Spielbeines".
- Aus "Seitschritt-anziehen" wird "Seitschritt-nachstellen-Seitschritt-anziehen" = "Double".
- "Double" variieren: anstatt "nachstellen" Kreuzschritt vorne oder hinten... anstatt "anziehen" "Tip", "Stampf", "Kick"... usw.
- *"Lasst Arme/Hände mittanzen... auch "hörbar"..."*

In dieser Art lassen sich auch Schritte in Vor- und Rückbewegung ertanzen...

Ⓐ Nach diesem Beispiel können die Schüler auch

- selbständig eine Musik erarbeiten
- individuelle Schrittfolgen zusammenstellen.

Erhaltene Bewegungskombinationen werden am besten in Sprechrhythmen festgehalten.

URI ZION

"Steckbrief":

Grapevine Schritt-Hop

▶ Einführung Grapevineschritte 161
vgl. Mayim, Hora Nirkoda, Hora Hassidith, Corrido

Sprechrhythmus und Gedächtnisstütze:

A	4mal	:	VORNE -	SEITE -	HINTEN -	SEITE -	SCHRITT -	HOP -	SCHRITT -	HOP
			♩	♩	♩	♩	♩	♩	♩	♩
B	3mal	:	HIN	-	HER	-	SPRUNG -	KREUZ -	SPRUNG -	KREUZ
			𝅗𝅥		𝅗𝅥		♩	♩	♩	♩
B	letztes Mal	:	HIN	-	HER	-	LAUF -	2 -	3 -	4

(K) Kurzeinführung für Fortgeschrittene:

Ist der "Grapevine"-Schritt und sind einfachere "Grapevine-Tänze" wie "Mayim", "Simi Yadech" (MuOS) bekannt, lässt sich kurz jedes Schrittmotiv für sich nach Sprechrhythmus und Musik üben:

Einstieg gleich mit Musik:

(N) Aufbaureihe über Nachahmung:

1. Musik und Schrittelemente im grossen Kreis "ertanzen":

- "Einstimmung": laufen...→ hüpfen...→ zur "Erholung" an Ort Gewichtsverlagerungen...
- Vorübung 1. Motiv: "4 Laufschritte - 2 Schritt-Hop → " (auf rechts/links kommt's nicht an)
- Vorübung 2. Motiv: laufen... ← , auch mit Front zur Mitte, d.h.: "seit-Kreuz-seit-Kreuz..."

2. Grapevine → , s. Einführung Grapevine über Nachahmung/über Bewegungsaufgaben.

(A) Mögliche Bewegungsaufgaben

- Zu Universalmelodie, diese Schrittelemente zu gleichen/ähnlichen Motiven à 8 (16) Zählzeiten zusammensetzen.
- Linien/Kreise frei im Raum mit "Vortänzer".
- Zwei konzentrische Kreise, gleiches Motiv: innerer Kreis Gegenrichtung
- Zwei konzentrische Kreise, gleiches Motiv: im Kanon
- Zwei konzentrische Kreise, verschiedene Motive: Quodlibet

3. Endform der Schrittmotive nach Sprechrhythmus/Musik

▶ 84

HORA HASSIDITH

"Steckbrief":

ruhiger Teil:	Grapevine und Gewichtswechsel seitwärts
lebhafter Teil:	Laufschritte und "Pas de Basque" (Wechselschritte an Ort)

▶ Vgl. Uri Zion, Hora Nirkoda, Mayim, Corrido

▶ siehe Einführung Grapevine 161

Gedächtnisstütze und Sprechrhythmus:

A	→VORNE -	SEITE -	HINTEN -	SEITE,	VORNE -	SEITE -	HIN← -	HER→ ,	
	l.	r.	l.	r.	l.	r.	l.	r.	3mal
	→VORNE -	SEITE -	HINTEN -	SEITE,	H I N←	——	H E R→ ——		
	l.	r.	l.	r.	l.		r.		
B	LAUF -	LAUF -	LAUF -	LAUF -	3mal Platz -		3mal Platz		6mal
	l.	r.	l.	r.	l.r.l.		r.l.r.		

zu B: Schrittfolge l. - 4. mal nach → , 5. mal ↑ , 6.mal ↓

Ⓚ Kurzeinführung:

Nur mit Schülern, die Grapevineschritt bereits kennen.

Einstieg gleich mit Musik:

Ⓝ Aufbaureihe über Uebungsformen:

1. Uebungsform: Musik kennenlernen... auf rechts/links kommt's noch nicht an:
   A: nur Gehschritte →
   B: nur Laufschritte →

2. Uebungsform: A: fortlaufend Grapevine →
   B: wie Endform

3. Uebungsform: A: nur einfachere Schrittkombination tanzen:
   "vorne - seite - hinten - seite - h i n - h e r "
   B: wie Endform

▶ 86

HORA NIRKODA

"Steckbrief":

Grapevine

▶ Einführung Grapevineschritt 161

▶ Vgl. Mayim, Uri Zion, Hora Hassidith, Corrido

Gedächtnisstütze und Sprechrhythmus:

A	"VORNE -	SEITE -	HINTEN -	SEITE,	VORNE -	SEITE -	HINTEN -	SEITE,	
	r.	l.	r.	l.	r.	l.	r.	l.	2mal
	SCHRITT -	HOP -	SCHRITT-	HOP,	RUECK -	2 -	3 -	4,	
	r.	r.	l.	l.	r.	l.	r.	l.	
B	SPRUNG -	KREUZ -	SPRUNG -	KREUZ,	DREHN -	2 -	3 -	4,	
	r.	l.	r.	l.	r.	l.	r.	l.	2mal
	HIN		- HER	,	AN ORT-	2 -	3 -	4"	
	r.		l.	,	r.	l.	r.	l.	

Ⓚ, Ⓝ, Ⓐ: Entsprechend Einführung des "verwandten" Tanzes "Uri Zion"

▶ 85

HASHUAL

"Steckbrief":

Taktwechsel 4/4 und 3/4
Grapevine
Wechselschritt

▶ Einführung Grapevine 161

Gedächtnisstütze und Sprechrhythmus:

" 1 —— 2 —— 3 - und - 4 —— 5 —— 6 —— 7 ——,
VORNE - SEITE - HINTEN - SEITE - VORNE - SEITE - SEIT - TSCH,
1 —— 2 —— 3 - und - 4 —— 5 —— 6 —— 7 ——,
VORNE - SEITE - HINTEN - SEITE - VORNE - SEITE - SEIT
WECH-SEL-SCHRITT-WECH-SEL-SCHRITT-WECH-SEL-SCHRITT-WECH-SEL-SCHRITT
VOR - RÜCK - RÜCK - RÜCK - RÜCK - RÜCK - RÜCK - RÜCK "

Es ist von Vorteil, wenn der Grapevine schon bekannnt ist. Da das Tanzen der Endform auch bei fortgeschrittenen Schülern ein längeres "Trockentraining" voraussetzt, empfiehlt sich ein

Einstieg gleich mit Musik:

Ⓝ Aufbaureihe über Nachahmung:

1. Mögliche Einleitung als "Sitztanz" (oder im Stand): Tanzablauf mit den Händen "skizzieren". Ziel: sich in Musik/Stil hineinfühlen, musikalische Gliederung.
   Teil A: evtl.nur hören oder auch mit den Händen "Schreitbewegungen" ausführen, klatschen auf 3 und 4.
   Teil B: "Lockbewegung" (Fingerschnalzen) und Armkreis.
2. Uebungsform: (auf rechts/links kommts nicht an...)
   Teil A: nur gehen (also kein Grapevine)
   Teil B: wie Endform.
3. Repetition Grapevine, Einführung des Grapevine-Teils nach Sprechrhythmus.
4. *"Du beginnst mit dem rechten Fuss; welcher Fuss ist nach 7 Gehschritten frei?"*
   Ganzer Teil A, dann ganzer Tanz nach Sprechrhythmus. ▶87

MAYIM MAYIM

"Steckbrief"

Grapevine-Schritt

▶ Einführung Grapevine-Schritt 161
Vgl. "Uri Zion", "Hora Hassidith", "Hora Nirkoda", "Corrido"

Gedächtnisstütze:

"VORNE-SEITE-HINTEN-SEITE":	4MAL
"4 ZUR MITTE - 4 ZURUECK":	2MAL
"ZWISCHENSCHRITTE" RECHTS, LINKS, RECHTS, 1/4 DREHUNG AUF RECHTEM FUSS	
HUEPFEN RECHTS MIT TUPFEN LINKS...	
HUEPFEN LINKS MIT TUPFEN RECHTS...	

Einstieg gleich mit Musik:

Ⓚ Kurzeinführung über vereinfachte Endform:

Für Fortgeschrittene, Grapevine bekannt:
Die Tanzfolge kann gleich nachgeahmt werden, wenn anstelle der drei "Zwischenschritte" nur an Ort gefedert wird.

Für Anfänger:
Anstatt Grapevine nur Laufschritte ← tanzen; Grapevine kann am Beispiel "Mayim" ("Mayimschritt") gut eingeführt werden.

▶ 82

CORRIDO

"Steckbrief"

Grapevine Nachstellschritte seitwärts

Einführung Grapevine 161

Die Reihenfolge wird man sich erst mit der Zeit merken können:

Gedächtnisstütze:

←	— 10 mal "wädle", dann:
→	— "vorne - seite - hinten - seite..."
←	— 4 mal "wädle", dann:
↗↘	— "Zick - Zack..."
→	— "vorne - seite - hinten - seite..."

Ⓚ Kurzeinführung für Fortgeschrittene über Nachahmung:

Da die Musik einen unregelmässigen Aufbau aufweist, eignet sie sich nicht als Begleitmusik zum Ueben einzelner Schrittmotive. Der Tanz lässt sich jedoch gleich zur Musik "der Spur nach" nachahmen, wenn der Grapevine-Schritt geläufig ist.

▶ 93

AHAVAT HADASSAH

"Steckbrief":

Kreuzschritte vorne, hinten
Gewichtsverlagerung vor-/rück-, seitwärts

Gedächtnisstütze und Sprechrhythmus:

Der ganze Tanz bewegt sich nach rechts:

Kamelschritt:

"unde düre – obe düre – rächts e Schritt – links e Schritt"
Gewicht auf r. Gewicht auf l.

Männerschritt:

"seite — hinten — seit (stampf) – vorn (hop)"
r. l. r. (l.) l. (l.)

Frauenschritt:

"seite — vorne — seit – seit – seit – vor"
r. l. r. l. r. l.

Folge z.B.:

4 "Kamelschritte" - 4 "Frauenschritte" - 4 "Kamelschritte" - 4 Männerschritte... usw.

Kurzeinführung:

Nur mit fortgeschrittenen Schülern kann gleich die Endform eingeführt werden - es lohnt sich jedoch, eine Einführung über Uebungsformen, damit man sich in den Charakter der Musik und der Bewegung "hineintanzen" kann.

Einstieg gleich mit Musik:

Aufbaureihe über Nachahmung:

"Das Gefühl, auf einem Kamel zu sitzen":
Frontkreis, gleich zu Musik kreisende Hüftbewegung des "Kamelschrittes" übernehmen: in der Grundstellung... mit rechtem Fuss vorgestellt (Gewichtswechsel)... mit Front nach rechts... *"aber so kommen wir ja gar nicht vorwärts!"*... auf Ansage nach Gewichtswechsel gleich zwei Schritte vorwärts (rechts, links)

"Wen wir in der Wüste auch noch treffen...":
Gleich zu Musik auf Ansage vereinfachte Formen des "Frauen"- und "Männerschrittes" nachtanzen:

"Männerschritt" vereinfacht: "s e i t e - h i n t e n - s e i t e - v o r n"
"Frauenschritt" Uebungsform: 1) "s e i t e - v o r n e - s e i t e - v o r n"
2) "s e i t e - v o r n e - seit-seit - seit-seit"

▶ 92

Einführung der Variation:

1) Einstieg z.B.: Lehrer tanzt ganze Choreographie vor - anschliessend besprechen:

"Was ist neu"?
- "Fussmotiv" (anstatt "Seite-anziehen")
- Drehung und "Kniefall" zusätzlich

"Was ist anders"?
- 4 mal kreuzen anstatt 2 mal
- 2 anstatt 4 Rückschritte

2) Die neuen Motive einzeln nach Sprechrhythmus/Musik

3) Endform nach Sprechrhythmus/Musik

Sprechrhythmus für die Variation:

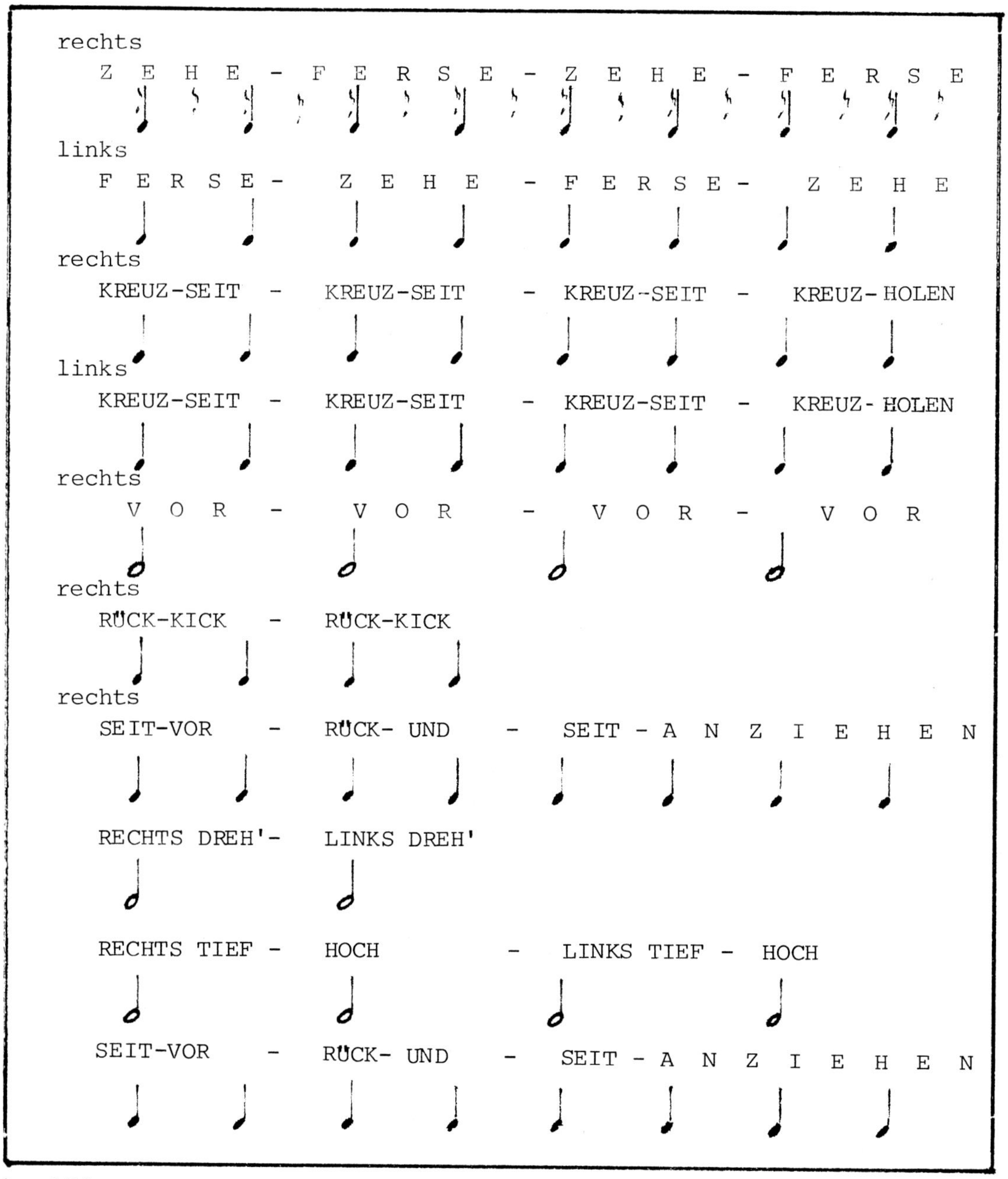

▶ 104

STEPPIN' OUT

"Steckbrief"

Folge AABA "Brush"

▶ Terminologie

Gedächtnisstütze und Sprechrhythmus

von unten nach oben zu lesen

2 mal B:	"Platz -	sch -	sch -	sch -	drei -	mal ——	stampf	2mal
	l.	r.	r.	r.	r.	l.	r.	
	vor ——		vor ——		vor ——		vor"	
	l.		r.		l.		r.	
	"Platz -	tsch -	tsch -	tsch -	drei -	mal -	stampf	
	l.	r.	r.	r.	r.	l.	r.	
	vier ——		Schritt ——		rund ——		herum	
	l.		r.		l.		r.	
	Platz -	tsch -	tsch -	tsch -	seite -	hinten -	seite -	hinten
	r.	l.	l.	l.	l.	r.	l.	r.
	1	2	3	4	5	6	7	8
A:	Platz -	tsch -	tsch -	tsch -	seite -	hinten -	seite -	hinten"
	l.	r.	r.	r.	r.	l.	r.	l.

Ⓚ Kurzeinführung:

Bei dieser anspruchsvollen Tanzfolge kommen wir nicht darum herum, die Schrittmotive zuerst einzeln zu Sprechrhythmus und Musik zu tanzen. Schwierigkeiten werden das Tempo der Musik, die Schrittkombination mit dem Brush und die ungewohnte musikalische Folge AABA bieten.

Einstieg gleich mit Musik:

Ⓝ Aufbaureihe über Spiel- und Uebungsformen:

1. Mit Musik und Bewegungselementen vertraut werden:
   - Individuell bewegen, frei im Raum, an Ort... versuchen, das Charakteristische in dieser Musik (akzentuiert, "herb") in der Bewegung auszudrücken... Wer findet eine passende Vorwärts-, Seitwärtsbewegung?
   - Auf Ansage Federn an Ort, synkopisches Klatschen, Fingerschnalzen...
   - Frei im Raum "Cat-Steps" (Ballen, dann Ferse aufsetzen) mit Fingerschnalzen
   - Seitnachstellschritte fortlaufend... daraus "Seite-hinten"...
   - An Ort "Bürsten" vor-rück mit Spielbein, zuerst noch ohne Kreuzen

2. Vereinfachte Uebungsform:

   AA vereinfacht: nur Motiv "Platz-tsch-tsch-tsch-seite-hinten-seite-hinten"
   total 4 x "nach rechts - nach links")

   B Endform

   A vereinfacht: wie oben total 2 x "nach rechts - nach links"

▶ 57

JIFFY MIXER

"Steckbrief":

Nachstellschritte seitwärts "Ferse - Spitze" "Chug"

▶ Einführung Pop-Grundschritte 162

▶ Terminologie

Hier motivieren vor allem Musik und Bewegungsstil - lieber noch etwas unbeholfen, dafür aber gleich zu Musik tanzen dürfen!

Gedächtnisstütze und Sprechrhythmus:

" FERSE	- SPITZE	- FERSE	- SPITZE	- SEIT	- SCHLIESSEN	- SEIT	- UND
FERSE	- SPITZE	- FERSE	- SPITZE	- SEIT	- SCHLIESSEN	- SEIT	- UND
RUTSCH	- KLATSCH	- RUTSCH	- KLATSCH	- RUTSCH	- KLATSCH	- RUTSCH	- KLATSCH
V O R	- U N D	- V O R	- U N D	- V O R	- U N D	- V O R	- UND"

Ⓚ Kurzeinführung:

Mit sehr guten Schülern kann die Endform nach nur einem kurzen "Trockentraining" - zuerst ohne Partner im Kreis oder in freier Aufstellung - getanzt werden... Interessanter für alle Stufen ist jedoch:

Einstieg gleich mit Musik:

Ⓝ Aufbaureihe über Nachahmung:

1. Aufstellung frei im Raum, tanzen nach "Spiegelbild":

- "Einstimmen" z.B. federn, "twisten"... (Stil)
- "Ferse-Spitze-Ferse-Spitze..." zuerst evtl. 1/2 Tempo... zuerst ohne Aus-/Eindrehen des Spielbeins... mehrmals mit dem gleichen Fuss...
- "Seitschritt-nachstellen-Seitschritt-Schlusstritt" zuerst evtl. 1/2 Tempo
- Kombination: "Ferse-Spitze-Ferse-Spitze-Seit-schliessen-seit-und"...
- "Chug" und "4 gewöhnliche Schritte": mehrmals Rutscher auf beiden Füssen rückwärts und mit 4 Schritten wieder vor Kombination Endform: 4 "Chugs" - 4 "Schritte" mehrmals wiederholen.

2. Ganze Schrittfolge mit "Gegenüber"/Partner:

   Der eine Partner lernt die gegengleiche Schrittfolge gleich vom Spiegelbild des Partners (Tänzer links, Tänzerin rechts beginnend)

3. Endform im Kreis zuerst ohne, dann mit Partnerwechsel

▶ 50

SHUFFLE MIXER

"Steckbrief":

"Double", "Simple" "Kick" Dos-à-dos	▶ Einführung Pop-Grundschritte 162 ▶ Einführung Dos-à-dos ▶ Terminologie

Gedächtnisstütze und Sprechrhythmus:

"ZWEI - NACH - LINKS - UND - ZWEI - NACH - RECHTS - UND -
ZWEI - NACH - LINKS - UND - ZWEI - NACH - RECHTS - UND -
EIN LINKS - EIN RECHTS - EIN LINKS - EIN RECHTS -
VOR - VOR - VOR - VOR - RÜCK - RÜCK - RÜCK -RÜCK"

(K) Kurzeinführung:

Mit fortgeschrittenen Schülern kann die Endform der einfachen Schrittfolge gleich nach Sprechrhythmus, dann nach Musik getanzt werden - evtl. über folgende

(N) Uebungsformen:

1. Schrittfolge solo:

   Aufstellung frei im Raum, ohne Partner; tanzen nach "Spiegelbild"

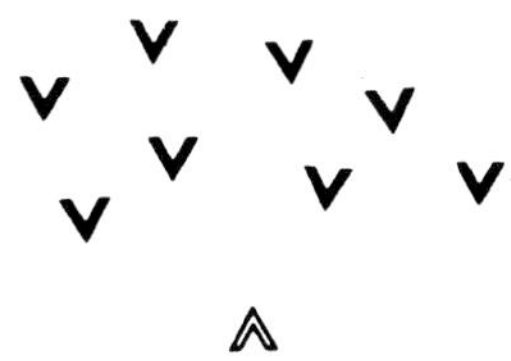

2. "Gegenüber":

   "Wer tanzt so sicher, dass er sich von den Gegenüberstehenden - die in entgegengesetzter Richtung tanzen - nicht drausbringen lässt?"
   (▶ vgl. Einführung "Jiffy Mixer": Spiegelbild!)

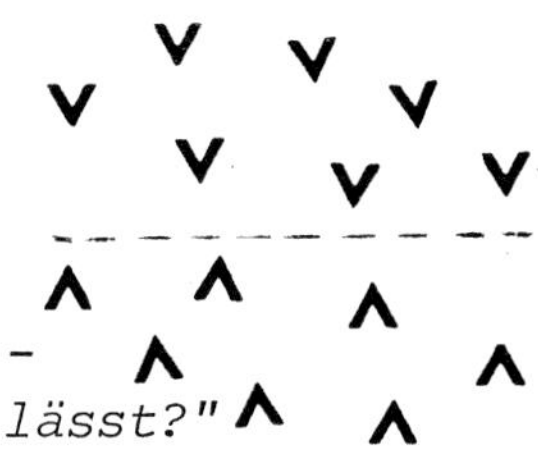

3. Mit dem Partner:

   Zuerst ohne, dann mit Dos-à-dos
   ▶ Einführung Dos-à-dos

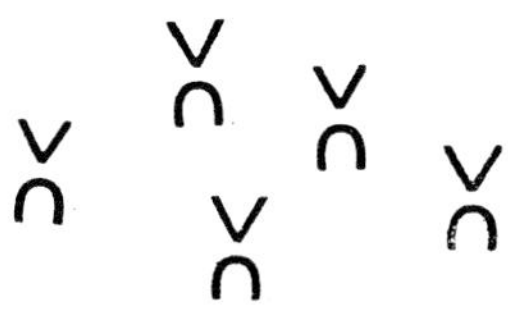

4. Endform im Kreis:

   Ohne, dann mit Partnerwechsel

Einstieg gleich mit Musik:

Aufbaureihe Grundschritte:

▶ Einführung Pop-Grundschritte, Beispiel "Double", "Simple":

(N) - Aufbaureihe über Nachahmung
(A) - Aufbaureihe über Bewegungsaufgaben

▶ 49

PATA PATA

▶ Vergleiche "Fussmotive" Manhattan, Salty Dog Rag, Zobas Variation

Vorstellungshilfe und Gedächtnisstütze (hier nicht im Spiegelbild):

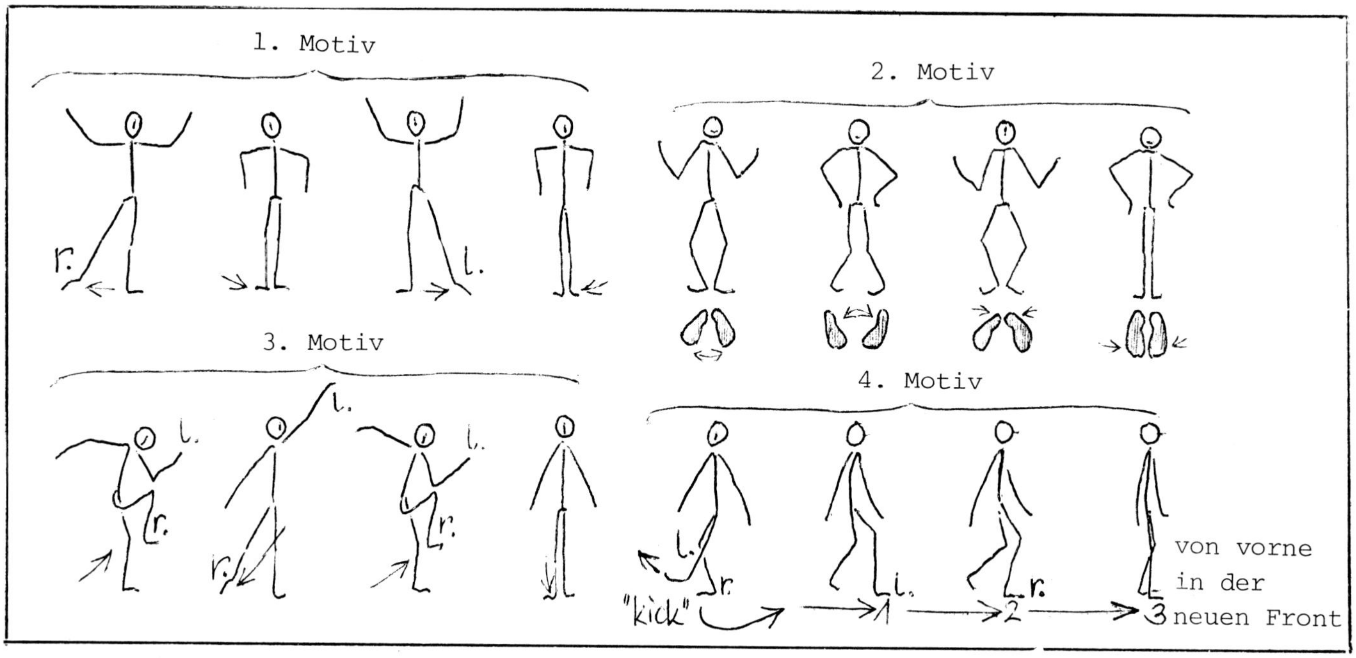

Einstieg gleich mit Musik:

(N) Einführung über Nachahmung:

- Ueber das Nachahmen einzelner Grundbewegungen (wie z.B. Tupf, Knieanziehen, Kick, Fersenschieben, Unterarme ein- und ausdrehen...) werden die Schüler mit Stil und Musik vertraut.
- Jedes Motiv kann einzeln und dann z.B. kombiniert mit einem Motiv getanzt werden.

(A) Bewegungsaufgaben:

Die Motive können zu Eigenkomposition z.B. in Paar und Gruppen inspirieren.

▶ 118

STAMPY

Sprechrhythmus/Gedächtnisstütze siehe Tanzbeschreibung

(K) Kurzeinführung:

Diese Folge kann nach einem kurzen "Trockentraining" mit Sprechrhythmus auch von ungeübten Schülern gleich getanzt werden.

Einstieg gleich mit Musik:

Einführung über Nachahmung nach Spiegelbild:

Damit die Schüler sich gleich von Anfang an in die Musik und den Bewegungsstil hinein fühlen können, lassen wir ganz einfache Grundbewegungen nachahmen (Seit-Vor-Rückschritte, "Kick", stampfen, klatschen, knipsen) und lassen allmählich die Schrittmotive daraus entstehen.

(N) Bewegungsaufgabe:

Wenn Grundelemente des Beattanzes und ähnliche Schrittkombinationen bekannt sind, können die Schüler die Tanzfolge auch nach "Tanzschrift" (Plakat mit Sprechrhythmus) selbständig erarbeiten.

▶ 119

MANHATTAN

Vergleiche "Fussmotive" Pata Pata, Short Cake, Salty Dog Rag, Zorba (Variation)

Vorstellungshilfe und Sprechrhythmus (z.B. als Plakat)

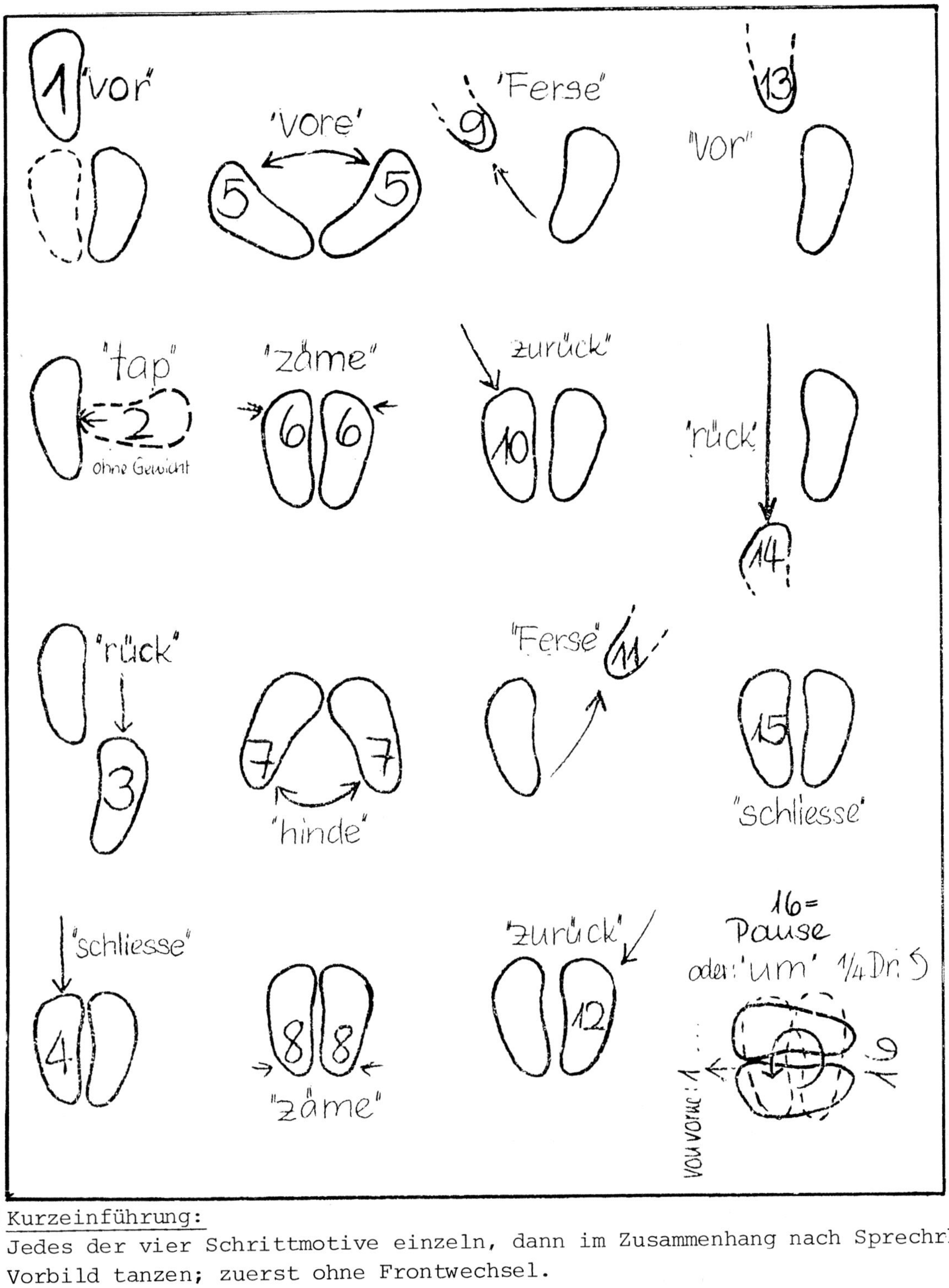

(K) Kurzeinführung:
Jedes der vier Schrittmotive einzeln, dann im Zusammenhang nach Sprechrhythmus/ Vorbild tanzen; zuerst ohne Frontwechsel.

Einstieg mit Musik:

(N) Aufbaureihe über Nachahmung:
Nach Spiegelbild mit den Bewegungselementen spielen und kombinieren. Beispiel: "vore-zäme-vore-zäme...", "hinde-zäme-hinde-zäme...", dann "vore-zäme-hinde-zäme".

(A) Als Bewegungsaufgabe:
Z.B. nach dem Spielen mit den Elementen nach Musik setzen die Schüler die Folge nach "Tanzschrift" (s. Zeichnung) selber zusammen.

▶ 117

BOSSA NOVA

"Steckbrief":

Samba - Grundschritte

▶ Vgl. Wechselschritt

Gedächtnisstütze und Sprechrhythmus:

"seit -	und -	seit,	seit -	und -	seit",	2mal
r.	l.	r.	l.	r.	l.	
"vor	-	tupf,	rück	-	tupf",	2mal
r.		l.	l.		r.	
"Wech -	sel -	Schritt,	Wech -	sel -	Schritt",	
r.	l.	r.	l.	r.	l.	
"tupf	-	kreuz,	tupf	-	kreuz",	
r.		r.	l.		l.	
"Wech -	sel -	Schritt,	Wech -	sel -	Schritt",	
r.	l.	r.	r.	l.	r.	
"Wech -	sel -	Schritt,	Wech -	sel -	Schritt"	
r.	l.	r.	r.	l.	r.	

(K) Kurzeinführung:

Mit fortgeschrittenen Schülern kann gleich die Endform getanzt werden. Da es jedoch mehr Freude macht, den Bewegungsstil gleich mit Musik kennenzulernen, lohnt sich ein

Einstieg gleich mit Musik:

(N) Einführung über Spielformen:

- Der Wechselschritt ist der typische Schritt zu dieser Musik: Wechselschritt frei im Raum vorwärts, rückwärts "an Ort" (seitwärts)
- Die Schritte "vor-tupf", "rück-tupf" und "tupf-kreuz" gleich nach Vorbild und auf Ansage mittanzen.

(A) Bewegungsaufgabe:

Mit diesen Elementen einzeln/paarweise kurze Tanzfolge zusammenstellen: z.B.: Zwei Wechselschritte "vom Platz weg", dann gleichviele Zählzeiten an Ort tanzen, Tupfschritte miteinbeziehen...

▶ 119

TOM CAT

"Steckbrief"

"Chug"
"Swing"
"Seite-hinten-Seite-Swing"

▶ Jiffy Mixer ▶ Terminologie

▶ "Verwandte" Schrittkombinationen auf 4 Zeiten bei "Salty Dog Rag", "Shuffle-Mixer"

Gedächtnisstütze:

erste Schrittkombination: zähle 1-8:
"SEITE-HINTEN-SEITE-SWING, SEITE-HINTEN-SEITE-SWING",
zweite Schrittkombination: zähle 1-12:
"TWIST-TWIST - VOR CHUG - VOR CHUG - VOR CHUG, RÜCK-RÜCK-RÜCK-SWING"

Einstieg gleich mit Musik:

(N) Aufbaureihe über Nachahmung:

Aufstellung frei im Raum

1. Die einzelnen Elemente ertanzen nach Spiegelbild
- In Musik/Stil "einsteigen": an Ort federn, twisten, Gewichtsverlagerung seitwärts hin und her.... auch mit klatschen, knipsen auf unbetonte Taktteile...
- Von Gewichtsverlagerung seitwärts mit knipsen zu "Chug" vorwärts kommen... Laufschritte rückwärts auf Platz...
- Von Gewichtsverlagerung seitwärts zu Seitschritt mit "Swing" des Spielbeines kommen...
- Von "Seit-nachstellen-seit-Swing" zu "Seite-hinten-Seite-Swing" kommen
2. Besonders zweite Schrittkombination gesondert nach Sprechrhythmus tanzen
3. Ganze Tanzfolge nach Sprechrhythmus/Musik
4. Einführung Frontwechsel: fortlaufend 1/2 Drehung nur mit den Schritten "vor Chug, rück-rück-rück-Swing" üben
5. Endform mit Frontwechsel: mit Vorteil auf jeder Seite des Raumes fortgeschrittene Schüler als "Vortänzer" aufstellen. ▶ 121

AUTOSTOP

▶ Vgl. "Fussmotive" in "Short Cake", "Salty Dog Rag", Manhattan"
Gedächtnisstütze und Sprechrhythmus:

1 Hei, hei!
2 hei, nimmsch mi mit!
3 i ha zwar
4 ke Gält ...
5 chume-n-aber glych!
(gäu, nimmsch mi aber glych!)

6 wosch hie düre?
7 wosch dert düre?
8 das isch mer doch glych!
9 { z'Wichtigschte dra:
i ha gratis Ferie gha!

Titel u. Text: R.+ R. Leupold

Einstieg gleich mit Musik:

(K) Kurzeinführung:
Gleich zu Musik oder zu Sprechrhythmus die einzelnen Figuren mehrmals wiederholt nachahmen, anschliessend zu Sprechrhythmus die ganze Folge ausführen. ▶ 115

5.2.3 Beispielgruppe C: Rhythmen ("Rhythmustänze")

GRUNDRHYTHMEN

Rhythmische Wiederholung in der Bewegung scheint naturgegeben, macht sie doch den Bewegungsfluss vieler alltäglicher Bewegungen aus.
Auch das Tanzen — unter Naturvölkern noch stark mit dem täglichen Schicksal verbunden — ist geprägt durch das rhythmische Prinzip.

Unbewusst und aus dem Zufall heraus sind dem Kind die phantasievollsten Rhythmen möglich.
Wünschen wir, dass der Schüler auf einen bestimmten Rhythmus antwortet, müssen wir uns auf einfach gestaltete, gedächtnismässig erfassbare Rhythmen beschränken.

Aufgrund der überlieferten und lebenden Tanzformen darf man wohl von einigen grundlegenden Rhythmen sprechen, die auch als Ausgangsrhythmen für eine Tanzerziehung in der Schule gelten können:

Die allereinfachste Rhythmisierung ergibt sich durch den Akzent beim Gehen, wegen die Zweiseitigkeit des menschlichen Körpers:

Der 2er-Rhythmus
Viele Tanzformen sind aus dem menschlichen Gang entstanden.

Der 4er- Rhythmus
stellt im Vergleich zum 2er-Rhythmus eine Bereicherung dar: Er umfasst eine grössere Bewegungsspanne und liegt vielen Tanzmotiven zugrunde.

Der 3er-Rhythmus
hat als ungerader Rhythmus etwas Faszinierendes, Beschwingtes: da in der Fortbewegung der Akzent stets die Körperseite wechselt, fehlt ihm die einseitige Betonung der geraden Rhythmen.

Mit diesen drei Ausgangsrhythmen sind die "Raster" für die einfachsten wie auch für die kompliziertesten Bewegungen gegeben.

Eine differenzierte Rhythmisierung ergibt sich durch den Wechsel von kurzen und langen Bewegungen. Um dies darzustellen, nehmen wir zum Gehen noch die grundlegenden Fortbewegungsarten Laufen und Hüpfen (und Springen) hinzu:

Zusammenstellung Grundrhythmen: Grundbewegungen als Einführungshilfe

Für einfache Rhythmen ist die Umsetzung in die Fortbewegung am selbstverständlichsten.

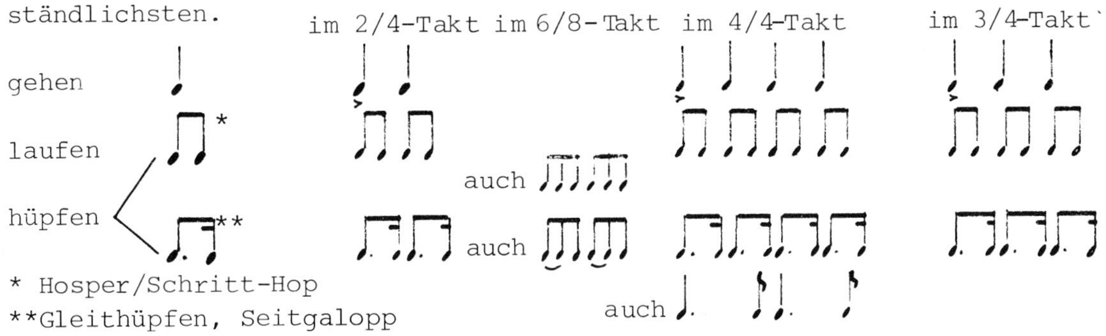

* Hosper/Schritt-Hop
**Gleithüpfen, Seitgalopp

(Grundrhythmen)

Für differenziertere Rhythmen und Bewegungen empfiehlt sich der Weg:
Klanggesten und Grundbewegungen an Ort → in Fortbewegung:

Beispiel 4/4 Takt:

Der "4er" eignet sich besonders für das Erarbeiten von Rhythmus- und Bewegungsmotiven:

- er lässt sich auf einen einfachen Gehrhythmus zurückführen
- mit 4 Zählzeiten beinhaltet er eine kleine Bewegungsfolge, die für das Gedächtnis nicht zu lang, für die Reaktion nicht zu kurz ist.

Ohne Rhythmisierung:

Auch nur mit Akzentwechsel ergeben sich Möglichkeiten der Gestaltung: z.B.:

an Ort:
Klanggesten
Federn
Gewichtsverlagerungen vorwärts, rückwärts, seitwärts
auch mit Bewegungen des Spielbeins
Beispiel: "Seit-Tupf-seit-Tupf

▶ Doudlebska Polka, Stampy

▶ Stampy, Shuffle

in Fortbewegung:
Einfache Schrittmotive auf 4 Zählzeiten
Auch mit Bewegungen des Spielbeins
Beispiel: "Seite-hinten-Seite-hop"

▶ Stampy, Shuffle, Ersko Kolo, Poskok, Salty Dog Rag, Hora Nirkoda, Grapevine

Mit Rhythmisierung
Beispiel ♩♩♫♩: Dieser Rhythmus eignet sich besonders gut für das Erarbeiten von "kurz" und "lang":

- Die Achtel-Unterteilung auf den dritten Taktteil ist besonders eingängig - die Kinder sprechen auf diesen Rhythmus an.
- Es gibt eine ganze Reihe geeigneter Tanzbeispiele
- Dieser Rhythmus kann als Ausgangsrhythmus für die Einführung verwandter Rhythmen dienen:

▶ Casatschok, Sip Simeon, Tennessee WigWalk, Misirlou

Erarbeiten des Rhythmus ♫♩ siehe Modell für eine Aufbaureihe vom "Erleben zum Erfassen" (theoretischer Teil, 5.1.4)

SIP SIMEON

"Steckbrief":

Hora-Schritt: 6/4 "Spitze-Ferse"

▶ Grundrhythmen ▶ Tänze mit gleichem Rhythmus
▶ Vgl. Hava Naglia
▶ Vgl. "Ferse-Spitze", z.B. "Jiffy Mixer"

Gedächtsnisstütze und Sprechrhythmus:

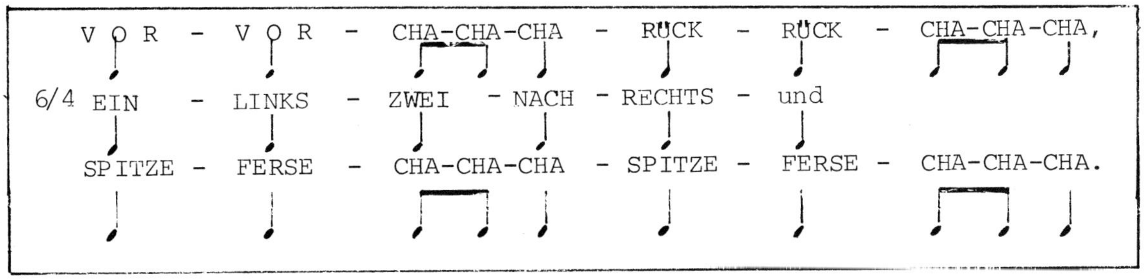

(K) Kurzeinführung:

Nur mit fortgeschrittenen Schülern kann direkt die Endform nach Sprechrhythmus getanzt werden.

Einstieg gleich mit Musik:

(N) Aufbaureihe über Nachahmung und evtl. Bewegungsaufgabe:

1. Musik/Tempo kennen lernen: individuell frei im Raum gehen, laufen...
   ev. abwechseln mit "an Ort": Seitschritt-Schlusstritt nach links, nach rechts...
2. Kreis ohne Fassung, die einzelnen Motive mehrmals wiederholt nachahmen...
   Vorbereitung Hora-Schritt: Jedes Element gesondert tanzen: "Seitschritt-Schlusstritt" und "Seitschritt-Nachstellschritt-Seitschritt-Schlusstritt".*
3. Mögliche Uebungsform, die mit 4mal 8 Zählzeiten "mit der Musik aufgeht":
   "Vor - Vor - Cha-Cha-Cha - Rück - Rück - Cha-Cha-Cha": 2mal (statt 1 mal)
   "Seitschritt-Schlusstritt: nach links, rechts, links, rechts" (anstatt Hora-Schritt)
   "Spitze - Ferse - Cha-Cha-Cha - Spitze - Ferse - Cha-Cha-Cha" 1 mal

   oder:

   (A) Bewegungsaufgabe:

   - Mit den in 2. "ertanzten" Motiven spielen: individuell variieren in Reihenfolge, Anzahl, Wiederholungen...
   - Einzeln/im Paar Schrittfolge zusammenstellen, die "mit der Musik aufgeht" (z.B. wie Uebungsform); ev. ein Beispiel als gemeinsame Uebungsform auswählen.
4. Hier kann die Endform anschliessen.

* Vgl. "Simple"/"Double" ▶ "Shuffle-Mixer"
▶ Einführung Grundschritte aus dem Pop-Tanz

▶ 113

TENNESSEE WIG WALK

"Steckbrief":

Schrittmotiv im Rhythmus ♩ ♩ ♫ ♩ Handtour

▶ vgl. "Samba Mixer"
"Misirlou" (Unterschied!)

Gedächtnisstütze und Sprechrhythmus:

TUPF		TUPF		RÜCK	- SEIT	- SCHLUSS (Vor),		2mal
SCHRITT	SCHRITT	SCHRITT	BRUSH	SCHRITT	SCHRITT	SCHRITT	BRUSH	4mal

Ⓚ Kurzeinführung:

Auch mit fortgeschrittenen Schülern empfiehlt es sich, jedes Schrittmotiv zuerst ohne Partner nach Sprechrhythmus/Musik zu tanzen - z.B.: Aufstellung frei im Raum:

A an Ort, nach Spiegelbild/Sprechrhythmus
B frei im Raum nach Sprechrhythmus

Einstieg gleich mit Musik:

Ⓝ Aufbaureihe über Nachahmung/Instruktion:

1. Einführung der Form des Tanzes mit vereinfachten Schrittmotiven

- "Einstimmen": Aufstellung frei im Raum oder im Kreis: mehrmals "wädle" an Ort im Rhythmus ♩ ♩ ♫ ♩ - abwechslungsweise mit Laufschritten frei im Raum (Vergleich "Wintersport": "Abfahrt" und "Aprèsski")
- "Urform" solo: Folge "wädle"-laufen...: ♩ ♩ ♫ ♩ | ♩ ♩ ♫ ♩ | ♫ ♫ ♫ ♫ ...
- "Urform" Mixer: "wädle" vor beliebigem Partner, mit 8 Schritten Handtour rechts, mit 8 Schritten einzeln frei im Raum auf der Suche nach neuem Partner...
- "Urform" Mixer im Kreis: Aufstellung und Partnerwechsel wie Endform

2. a) Einführung 1. Schrittmotiv ♩ ♩ ♫ ♩ über Spiegelbild, gleich mit Musik: jede Zwischenform mehrmals wiederholen:

- Grundrhythmus skizzieren mit federn, "wädle", Klanggesten...
- Grundrhythmus mit Schritten an Ort
- "Grundform" "2xTupf neben Standbein, 3 Schritte an Ort"
- Von Grundform zu Endform gelangen: in Seitbewegung kommen, zuerst mit Nachstellen, dann mit hinterkreuzen...

2. b) Einführung 2. Schrittmotiv ♫ ♫ gleich mit Musik:

- "Schritt-Brush" an Ort/in Fortbewegung
- Endform "Schritt-Schritt-Schritt-Brush" in Fortbewegung frei im Raum... auch Handtour mit beliebigem Partner

3. Endform Schrittfolge evtl. zuerst frei im Raum mit gleichem Partner, dann auch mit Partnerwechsel

▶ 56

SAMBA MIXER

"Steckbrief":

Schrittmotiv im Rhythmus
Wechselschritt (Samba-Schritt)
Kreuzschritte (vorne)

▶ Vgl. Tennessee Wig Walk
Misirlou (Unterschied!)
▶ Vgl. Bossa Nova

Gedächtnisstütze und Sprechrhythmus:

TWIST - TWIST - KEHR' - DICH - UM   4 mal

KREUZ - SEIT - KREUZ - SEIT - KREUZ - SEIT - KREUZ - und,   2 mal

"WECH - SEL - SCHRITT" - "WECH - SEL - SCHRITT"   2 mal
(Sam - ba - Schritt)   (Sam - ba - Schritt)

Ⓚ Kurzeinführung:

Auch mit fortgeschrittenen Schülern empfiehlt es sich, die einzelnen Schrittmotive und die Folge zuerst ohne Partner im Kreis einzuführen.

Einstieg z.B. über Schrittmotiv von "Tennessee Wig Walk"

Einstieg gleich mit Musik:

Ⓝ Aufbaureihe über Nachahmung/Instruktion:

1. Einführung "Samba-Schritt": Wechselschritt frei im Raum, Rhythmus allmählich verändern zu ; aus dem Schrittmotiv "vor-schliessen-vor" wird allmählich "vor-rück-vor" (Gewichtsverlagerung rückwärts auf den 2. Schritt).
2. Einführung des Schrittmotives : an Ort "Tupf-Tupf-drei-Schritt-an Ort", zuerst ohne, dann mit Drehung: "Tupf-Tupf-kehr dich-um".

   Twistbewegung des Fusses separat "in Zeitlupe" üben (Schraubbewegung).
3. Einführung Kreuzschritte: im Kreis z.B. zuerst in und gegen Tanzrichtung üben, dann erst im Flankenkreis "hinaus-hinein" ("Zick-Zack").
4. Ganze Folge im Kreis ohne Partner.
5. Mit Partner, zuerst ohne Partnerwechsel.

▶ 53

MISIRLOU

"Steckbrief":

Zwei Schrittmotive: 

▶ Vergleiche "Tennessee Wig Walk"

Gedächtnisstütze:

SCHRITT - TUPF - HINTEN-SEITE - VOR -
WECH-SEL- VOR - WECH - SEL - RÜCK

(K) <u>Kurzeinführung für fortgeschrittene Schüler:</u>

"Trockentraining" mit Sprechrhythmus - mit Vorteil zuerst etwas <u>vereinfachte Endform:</u> Wechselschritte <u>zur Mitte und zurück</u> - erst später mit Front nach links.

Einstieg gleich mit Musik:

(N) <u>Aufbaureihe über Nachahmung:</u>

Zuerst , dann ; jedes Motiv einzeln mehrmals tanzen

- "Einstimmen": Musik hören, skizzieren: Klanggesten, federn, Schritte an Ort... daraus:

- Wechselschritt vorwärts zur Mitte, Wechselschritt rückwärts zurück... erst auf Ansage kommt's auf rechts/links an... allmählich Front nach links wenden...

- Uebungsform zeigen/mitmachen, mit Sprechrhythmus unterstützen: Seitschritt rechts - Tupf vor links - 3 Schritte an Ort = "Schritt - Tupf - Platz - Platz - Platz"... allmählich im Kreis nach rechts ziehen: "hinten - seite - vor" ergibt sich von selber...

- Erstes Schrittmotiv mehrmals wiederholen... auf Ansage zweites Schrittmotiv... jedes Motiv 4 mal... 2 mal... nur noch 1 mal = Endform.

▶ 103

MILANOVO KOLO

"Steckbrief":

langsamer Wechselschritt

▶ Vgl. Misirlou

Gedächtnisstütze und Sprechrhythmus:

A:	"hoppa		hoppa	seite	hinten	pum-pum-pum":
nach →:	r.		l.	r.	l.	r.-l.-r.
nach ←:	l.		r.	l.	r.	l.-r.-l.

B:	"Wech-sel	-	schritt	Wech-sel	-	schritt":
nach ↑:	r.	l.	r.	l.	r.	l.
nach ↓:	r.	l.	r.	l.	r.	l.

(K) Kurzeinführung:

Mit fortgeschrittenen Schülern.

Einstieg gleich mit Musik:

(N) Aufbaureihe über Uebungsformen:

1. Uebungsform: Musik kennenlernen... auf rechts/links kommt's zuerst noch nicht an:
   A: nur fortlaufend hüpfen nach ...
   auf Ansage dann auch 1/2 Drehung und hüpfen nach
   B: Rhythmus evtl. zuerst nur klatschen...
   auf Ansage Wechselschritte zur Mitte und zurück.

2. Uebungsform: A: Nach Sprechrhythmus "hoppa - hoppa - Schritt - Schritt - pum pum pum" nur "Vorwärtsschritte" tanzen
   B: Endform

▶ 101

ZEMER ATIK

"Steckbrief":

1. Rhythmus: "kurz - kurz - kurz - kurz - l a n g - l a n g,"
2. Rhythmus: "l a n g - l a n g - kurz - kurz kurz - kurz"

Synkopisches Klatschen und Fingerschnipsen

Sprechrhythmus und Gedächtnisstütze:

K r e i s →:	lauf	-	lauf	-	lauf	-	lauf	-	Schritt-klatsch	-	Schritt-klatsch		:2x
zur Mitte und zurück:	vor	-	knips	-	vor	-	knips-	rück	-	2	-	3 - 4	:2x

Bemerkung: Dieser Tanz "lebt" vor allem von der Musik - zur Einführung; z.B. Musik nur hören lassen und dazu z.B. synkopisches Klatschen und Fingerschnipsen.

(K) Kurzeinführung:

Die einzelnen Schrittfolgen zuerst zu Sprechrhythmus tanzen, mit Fortgeschrittenen evtl. gleich mit Musik; auf rechts/links kommt es zuerst nicht an...

(Zemer atik)

Ⓝ Bewegungsaufgabe:

Zu Musik gehen frei im Raum: mit "langen" (langsamen) und "kurzen" (schnellen) Schritten ... lange Schritte akzentuiert mit leichtem Kniebeugen (synkopisch).

"Wer hört aus der Musik die 'kurzen' und 'langen' Schritte heraus? ... kann auf die 'langen' Schritte klatschen, knipsen?"

Ganze Schrittfolge z.B. zuerst frei im Raum. ▶ 89

ALUNELUL

Am Beispiel von "Alunelul" lässt sich das Zusammenspiel von Raum und Zeit besonders gut erleben: sowohl räumlich wie akustisch kommt die "Motivverkürzung" zum Ausdruck.

Gedächtnisstütze und Sprechrhythmus:

"8ter rechts":	"rechts-links-rechts-links-rechts-stampf-stampf- ''"	1 2 3 4 5 6 7 8
"8ter links" :	"links-rechts-links-rechts-links-stampf-stampf- ''"	1 2 3 4 5 6 7 8
"8ter rechts":	wiederholen	
"8ter links" :	wiederholen	
"4er rechts" :	"rechts-links-rechts-stampf"	1 2 3 4
"4er links" :	"links-rechts-links-stampf"	1 2 3 4
"2er rechts" :	"rechts-stampf"	1 2
"2er links" :	"links-stampf"	1 2
"4er Platz :	"rechts-stampf-stampf- "	1 2 3 4
"4er links" :	"links-rechts-links-stampf"	1 2 3 4
"4er rechts" :	"rechts-links-rechts-stampf"	1 2 3 4
"2er links" :	"links-stampf"	1 2
"2er rechts" :	"rechts-stampf"	1 2
"4er Platz :	"links-stampf-stampf- "	1 2 3 4

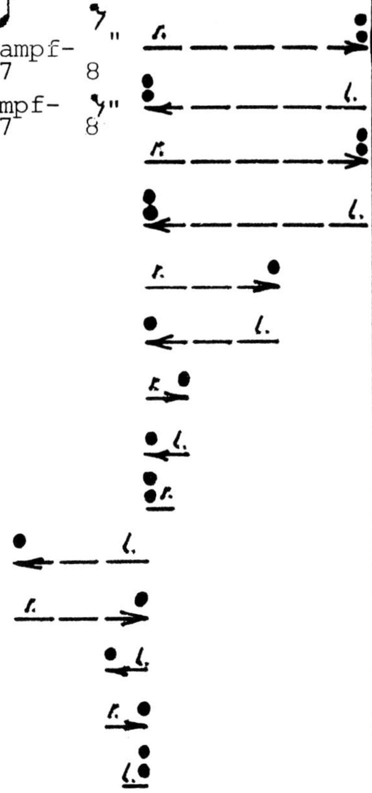

Ⓚ Kurzeinführung für fortgeschrittene Schüler:

Die einzelnen Schrittmotive mehrmals wiederholt zu Sprechrhythmus tanzen, z.B. ausgehen vom "8ter" oder vom "4er Platz". Dann mit Vorteil zuerst die Kombination "4er-4er-2er-2er-4er Platz" üben.

Ⓐ Einführung über Bewegungsaufgaben:

- Z.B. Anknüpfen an Aufgabe: "Lauft durch die ganze Länge des Raumes und zurück... nächstes Mal nur noch halb so weit und zurück, dann wieder nur halb so weit..." usf.; evtl.auch: sich eine bestimmte Schrittzahl vornehmen...
  Ziel: Motivverkürzung.
- Mit Musik: "Merke dir einen Platz, laufe in eine Richtung und kehre um, wenn du den 'Wendepunkt' in der Musik hörst..."
  Ziel: Phasenlängen erfassen.
  Variation: "Pendellauf" mit der Hand auf den Boden, in die Luft zeichnen.
- Hier kann die Kurzeinführung anschliessen.

▶ 111

BAŠISTOVSKA

Die Einführung des Bašistovska eignet sich besonders gut als Ergänzung zur rhythmischen Schulung.
Die Figuren lassen sich auf die folgenden rhythmischen Motive zurückführen:

1. Motiv – klatschen / patschen – Vgl. 1. und 2. Figur

2. Motiv – Vgl. 3. und 4. Figur

3. Motiv

4. Motiv als Kombination v. 2.u.3. Motiv – Vgl. 7. und 8. Figur

Bem.: Rhythmus der 5. und 6. Figur: vgl. 1. Motiv

Gedächtnisstütze und Vorstellungshilfe: (z.B. als Plakat)

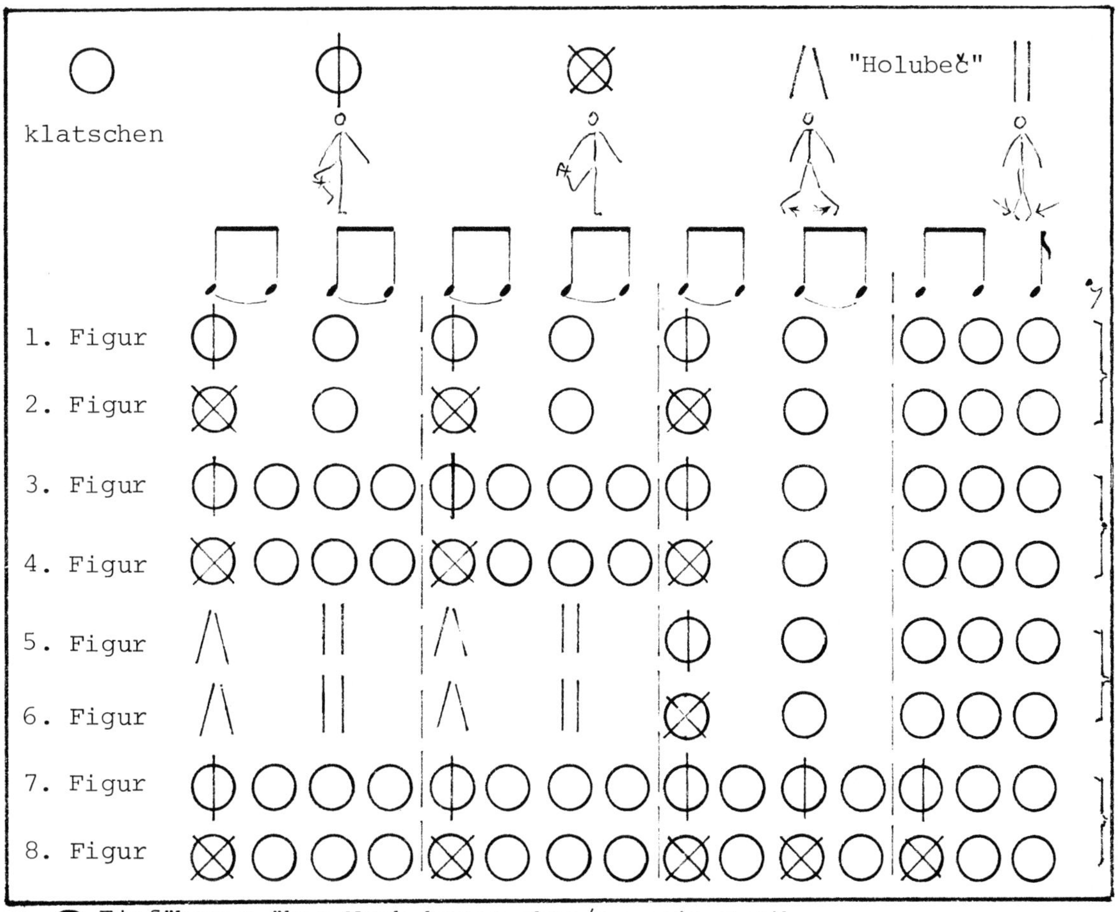

1. und 2. Figur: "einfach"

3. und 4. Figur: "noch zu schaffen"

5. und 6. Figur: "auch einfach"

7. und 8. Figur: "für Könner!" ▶ Vgl. "Alunelul" Teil B (Motivverkürzungen)

Ⓝ Einführung über Nachahmung ohne/ev. mit Musik:
"Luege, lose": die einzelnen Motive als "Echospiel" - im Anfang ohne Wiederholung, also nur 4 Takte - z.B. sitzend oder stehend im Kreis oder im Schwarm.

Ⓐ Einführung über Bewegungsaufgabe:
"Luege, läse": ev. nach Notenbild (s. oben) rhythmische Motive, dann nach "Tanzschrift" (s. Vorstellungshilfe) Figuren selber erarbeiten.

▶ 109

KALAMATIANOS

"Steckbrief":

Rhythmus 7/8, "lang-kurz-kurz"

▶ Vgl. Aide Jano

Gedächtnisstütze für Grundschritt à 4 x 7/8:

Rhythmus:	l a n g	kurz	kurz	l a n g	kurz	kurz
in Fortbewegung:	"v o r *rechts*	vor *links*	vor *rechts*	v o r *links*	vor *rechts*	vor *links*
an Ort: oder:	s e i t *rechts*	tupf *links*	tupf *links*	s e i t *links*	tupf *rechts*	tupf" *rechts*

Es ist auffällig, wie unterschiedlich die Schüler auf diesen bewegungsmässig sehr einfachen Tanz ansprechen: einige steigen sehr schnell intuitiv auf diesen Rhythmus ein, ohne darüber zu reflektieren und z.B. von einem ♩ ♩ ♪ zu unterscheiden - anderen ist es bei diesem ungewohnten Rhythmus nicht "wohl" und sie können ihn erst durch die stetige Wiederholung und evtl. Bewusstmachung "einverleiben".

(K) Kurzeinführung:

Um sich in den Rhythmus hineinfühlen zu können, lohnt es sich im Anfang nur ein Schrittmotiv ("Fortbewegung" oder "an Ort") zuerst zu Sprechrhythmus dann zu Musik zu tanzen (zu Beginn noch mit Sprechrhythmus, Klanggesten unterstützen).

Einstieg gleich mit Musik:

(A) Bewusstmachen des Rhythmus über Aufgabenstellung:

a) "Vom Hören zum Verstehen":
- Musik hören, Eigenart der Musik z.B. in freier Bewegung und im Gespräch auszudrücken versuchen.
- Musik hören: "Versucht dazu mit Klanggesten zu begleiten... Könnt ihr die Achtel (♪) heraushören?... Könnt ihr 'lang' und 'kurz' heraushören und akzentuieren?" Besprechen.
- 2 Gruppen: 1 Gruppe akzentuiert "lang-kurz-kurz", 2. Gruppe spielt Achtel. Besprechen: Rhythmus also 3 Achtel - 2 Achtel - 2 Achtel.

b) "Vom Sehen zum Verstehen":
- Die Schüler erhalten die Aufgabe mit Karten Rhythmen zu legen - z.B. mit 4 Karten □ □ □ □ den Rhythmus "lang-kurz-kurz", □□ □ □ zu legen. Welche Rhythmen lassen sich z.B. mit 8 Karten oder mit "nur" 7 Karten legen?
  Beispiele: □□ □□ □□□   □□ □□□ □□   □□□ □□ □□

Bemerkung: Es fällt den Schülern leichter, wenn sie in dieser Art schon einfache Rhythmen erarbeitet haben. (siehe z.B. Hava Nagila)

▶ 106

AIDE JANO

"Steckbrief":

> Rhythmus 7/8, verschiedene Kombinationen von "kurz" und "lang"

▶ Vgl. Einführung von Kalamatianos

Gedächtnisstütze für Schrittfolge 5 x 7/8:

Rhythmus:

1. Takt: 2 Schritte ("2er"):	r e c h t s →	l i -	i n k s →
2. Takt: 3 Schritte ("3er"):	r e c h t s →	links →	rechts →
3. Takt: 1 Schritt ("1er"):	l i n k s	d r e h -	h e n
4. Takt: 3 Bewegungen ("3er"):	r e c h t s ↑	Tupf (l.) ↑	"holen" (l.) (l.Fuss zurückholen)
5. Takt: 3 Schritte ("3er"):	l i n k s ↓	rechts ↓	links ↓

Aide Jano ist rhythmisch differenzierter als Kalamatianos. Es empfiehlt sich, den Kalamatianos gewissermassen als Vorbereitung zuerst einzuführen.

Ⓚ Kurzeinführung:

Nur zu empfehlen, wenn Kalamatianos schon bekannt - für gute Schüler.

Einstieg gleich mit Musik:

Ⓐ Aufbaureihe "Bewusstmachen des Rhythmus" über Aufgabenstellung entsprechend Kalamatianos.

Ⓝ Einführung Endform über Nachahmung/Rhythmus-"Bild":

Entsprechend Kalamatianos können Schrittkombinationen grafisch (mit Kärtchen) folgendermassen dargestellt werden:

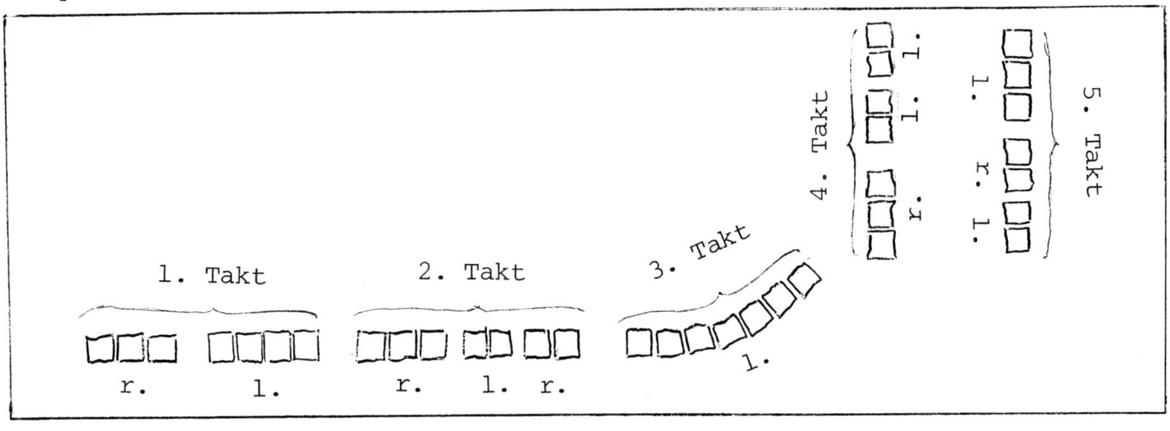

▶ 102

KARIČKA

Der folgende Einführungsvorschlag bezieht sich auf die erstbeschriebene Form, die sich besonders für die Schule eignet.

"Steckbrief"

Schrittmotive auf 7/4 "Swingschritt"

▶ Vgl. Hora-Schritt, 6/4 (z.B. Hava Nagila)
▶ Einführung"Swingschritt"

Gedächtnisstütze für Čardašschritt "auf 7" (langsamer Teil):

SEIT-SCHLIESSEN-SEIT-ANSTELLEN-SEIT-TUPF-ANSTELLEN
1 2 3 4 5 6 7
" " " " " " -SCHLIESSEN

Gedächtnisstütze für den schnellen Teil :

4MAL "SPRUNG-SPRUNG-ANSTELLEN" 3MAL "KREUZ-SEIT" 2MAL "SCHRITT-HOP" 1MAL "VOR-RÜCK-ANSTELLEN" (Wh = Schlussschritt)	2mal

oder mit Vorstellungshilfe:

"Tanzvers zum Abschauen": (z.B. Tafelskizze; gefaltete Papierstreifen am Boden...)

Dieser Tanz braucht eine besonders sorgfältige Einführung, z.B.:

Einführung über Bewegungsaufgaben und Uebungsformen:

(A) *Einstieg mit Musik:* Musik hören: langsamen und schnellen Teil erkennen; Tanz sehen: *"Welche Schritte kennen wir schon?"*

Čardaš "auf 7": Bewegungsaufgabe: *"Wer kann den Hora-Schritt vom "Hava Naglia" "zwei links-ein rechts" auf 7 Zählzeiten "umbauen"?*

Wenn Čardaš "auf 7" und Swingschritt bekannt sind, kann gleich getanzt werden:

(N) Schneller Teil: Uebungsformen:

1. Form: "Musik in die Füsse kriegen": ganzer Teil mit "Ersatzschritt" tanzen, z.B. fortlaufend nur "Schritt-Hop" oder"kreuz-seit"tanzen. (Uebergang Wh "mogeln")

2. Form: 4mal "Sprung-Sprung-anstellen", dann "kreuz-seit"... (Uebergang Wh "mogeln")

3. Form: Einführen der Endform. z.B. über Vorstellungshilfe (s.oben): *"Wieviele Schritte von jeder Art? Zähle 4mal, 3mal, 2mal, 1mal!"*

▶ 108

MIME

Vorstellungshilfe und Sprechrhythmus:

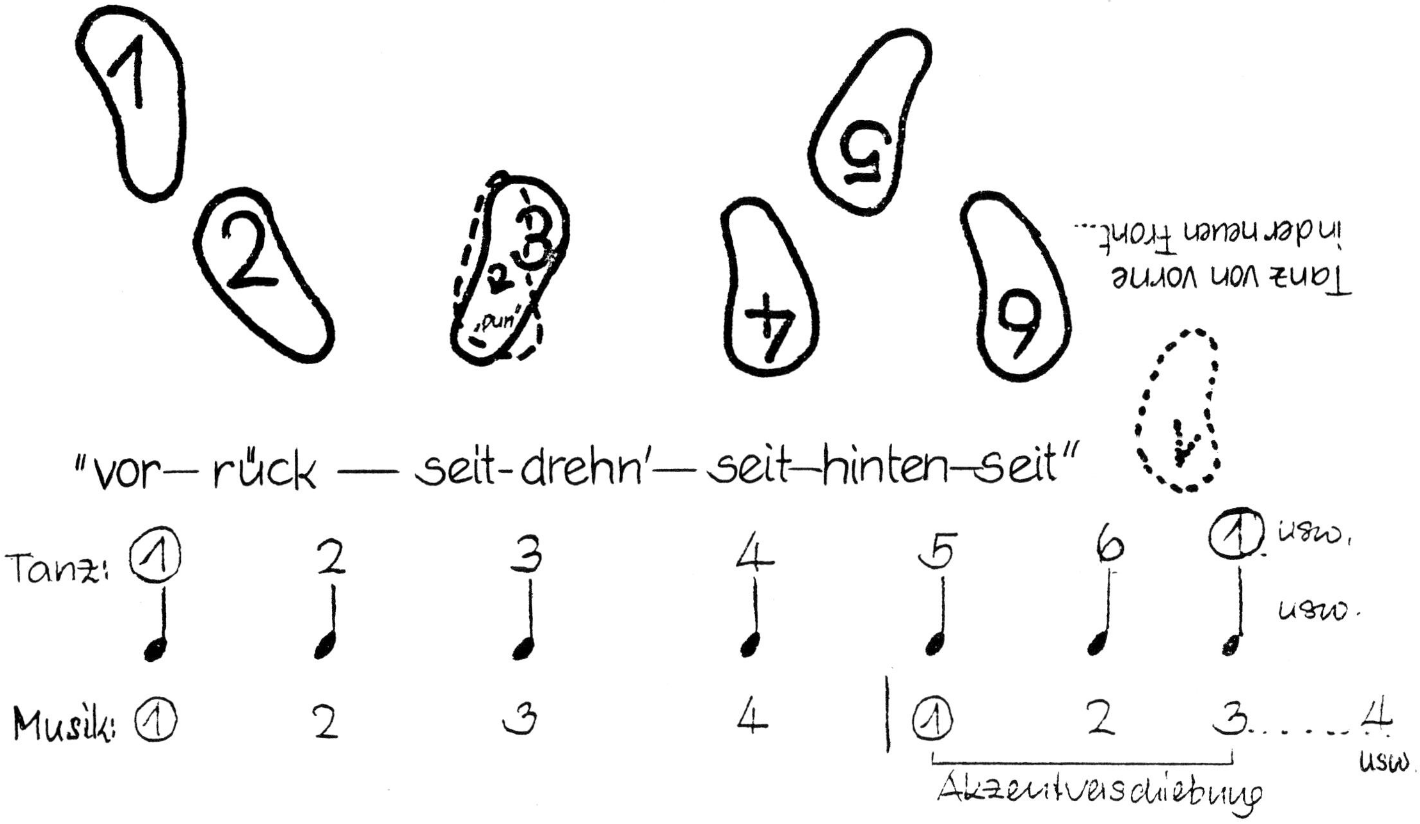

Interessanter als ein "Trockentraining" der Endform nach Vorbild/Sprechrhythmus ("Klippe" 1/2 Drehung, Gegenakzent):

(A) Einführung über Bewegungsaufgabe (eher für Fortgeschrittene)
Nach einer Bodenskizze "in Naturgrösse" Tanz selber entziffern: (Plakat "zum Draufstehn", Kreidezeichnung auf dem Schulhausplatz, Spuren im Schnee...). Nach einer ersten "Probierphase" mit Musik, Klanggesten, Sprechrhythmus einsetzen...

und/oder:

Einstieg gleich mit Musik:

(N) Einführung über Nachahmung: Vom "2-Schritt-Tanz" zum "6-Schritt-Tanz":
Aufstellung frei im Raum, tanzen nach Spiegelbild, allmählich mit Sprechrhythmus einsetzen:

1. 2-Schritt-Tanz: Gewichtsverlagerung "vor-rück..."
   4-Schritt-Tanz: Gewichtsverlagerung "vor-rück-seit-seit..."
   6-Schritt-Tanz: Uebungsform: gleiche "Front" beibehalten:
   Gewichtsverlagerung "vor-rück-seit-seit-seit-seit"
   Hilfe: klatschen auf 1. Schritt (Gegenakzent!)

2. Vorzeigen und mittanzen der Endform nach Sprechrhythmus - mit Vorteil fortgeschrittenen Schüler zum zweiten "Vortänzer" auf die andere Seite des Raumes aufstellen ("Klippe" 1/2 Drehung!)

▶ 117

BOOGIE/ROCK'N ROLL / JIVE

Schrittbild Grundschritt "Boogie"

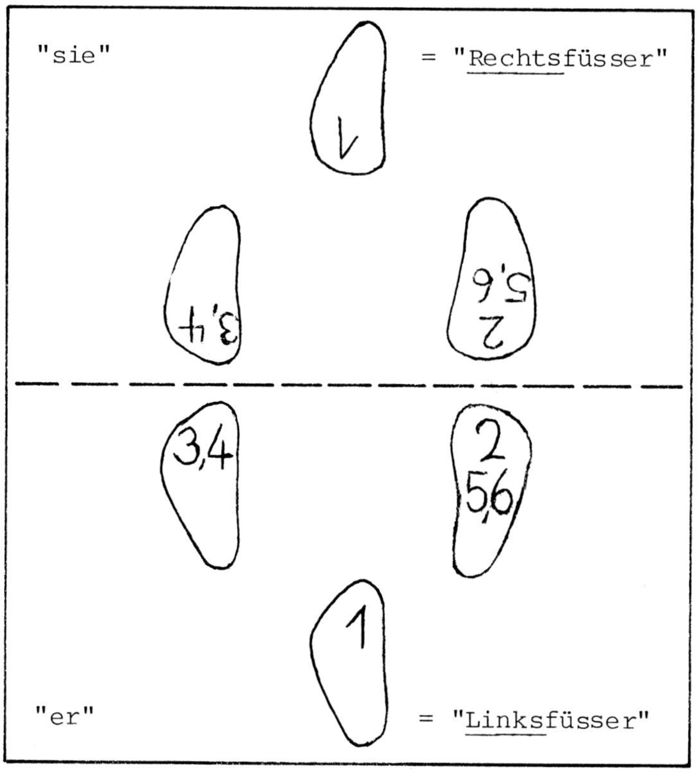

Sprechrhythmen Grundschritte:

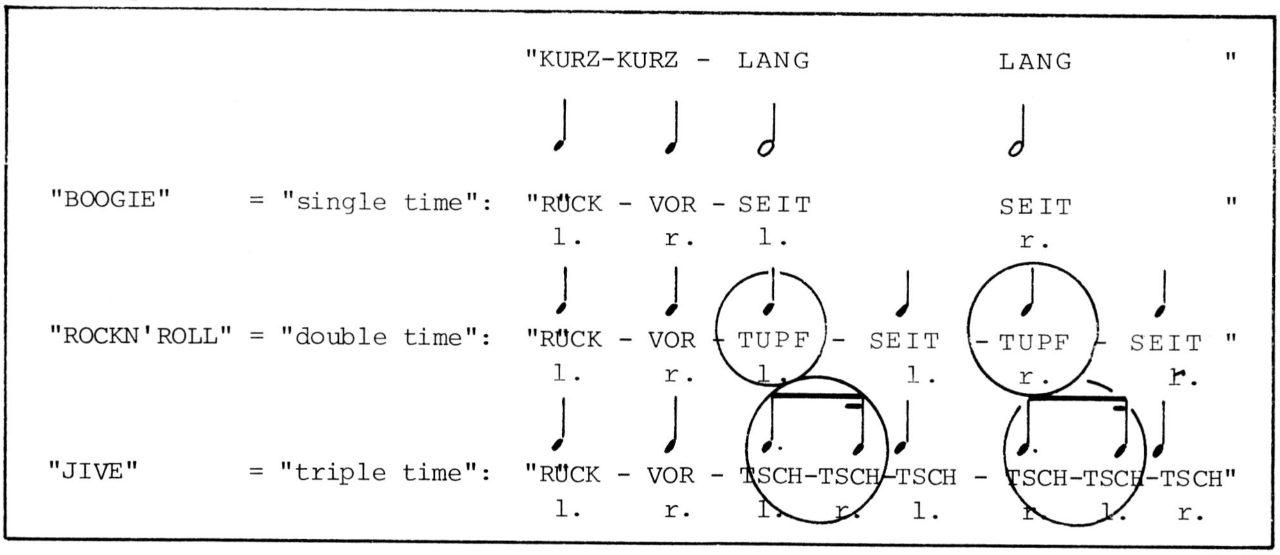

Sprechrhythmen für Fortbewegung:

z.B.	"RÜCK	-	VOR	-	SCHRITT	-	SCHRITT	-	"
	"RÜCK	-	VOR	-	GEH'	-	GEH'	-	"
	"RÜCK	-	VOR	-	VOR	-	VOR	-	"
	"RÜCK	-	VOR	-	DREH'	-	DREH'	-	" usw.

▶ 122

Einführung Grundschritte:

(N) 1. Weg: "Zuerst Schrittbild - dann Rhythmus":
- Schüler übernehmen Schrittbild nach Skizze, Lehrervorbild, Ansage.. noch nicht rhythmisiert
- Rhythmisieren mit Sprechrhythmus, Klanggesten (z.B. klatschen"rück-vor")

(N) 2. Weg: "Zuerst Rhythmus-dann Schrittbild":

Einstieg über bekanntes, rhythmisches Motiv: Hora-Schritt links, 6/4, "Hava Nagia":
Hora-Grundschritt ◄— tanzen, allmählich nur noch als Gewichtwechsel an Ort, über Sprechrhythmen zum Boogie-Schritt links gelangen:

	♩	♩	𝅗𝅥	𝅗𝅥
(1) Hora-Schritt ◄—:	"Seit-	nachstellen	seit - und -	seit - und"
	"Kurz -	kurz	lang -	lang"
	"links -	rechts -	liinks -	reechts"
(2) nur noch an Ort Gewichtswechsel:	"seit -	seit -	seit -	seit"
(3) Boogie-Schritt:	"rück -	vor -	seit -	seit"
	"links -	rechts -	liinks -	reechts"

Fortbewegung: unterstützt durch Sprechrhythmus von Grundschritt zu Fortbewegung, Frontwechsel, Drehen gelangen— einzeln frei im Raum

Einführung Grundschritt der Tänzerin:

- über Spiegelbild des Partners
- über Hora - Schritt rechts

Einführung Figuren:

Im Anfang mit Vorteil fester Ausgangsplatz: Front und "Mittellinie" festlegen.

(A) Einführung über Bewegungsaufgaben:

"Bewegungsmöglichkeiten im Paar/einzeln mit Zweihand -, Einhandfassung, ohne Fassung... zuerst nur "Weg" gehen, dann mit Boogie-Schritt, mit den Schritten 3,4 und 5,6 wird "Land gewonnen".

▶ 122

6. KOMMUNIKATIONSSPIELE mit Musik

Mit der ganzen Klasse

- Durcheinandergehen, ohne anzustossen   Musik ab Band
- Dasselbe mit Metallophon: Töne im Metrum. Grosse Intervalle bedeuten weite Abstände von den Partnern, kleine Intervalle kleine Abstände.
- Ohne Musik sich im Raum bewegen: ein gemeinsames Tempo finden.
- Alle bewegen sich zu rhythmisch anregender Musik frei im Raum. Wenn die Musik unterbrochen wird, benennt jedes laut, was es im Raum gerade sieht: ein Fenster, ein Bild, eine Ecke, einen Stuhl. Später dann seinen eigenen Vornamen, dann den eines Kameraden.
- Sanfte Musik. Alle sind blind, bewegen sich langsam im Raum. Wenn die Musik leiser wird: verweilen und Umgebung ertasten. Musik wird lauter: weitergehen. Später mit offenen Augen den Weg nochmals zurücklegen.
- Mit geschlossenen Augen stillstehen und den eigenen Puls erfühlen, dann sich in diesem Tempo bewegen. Auf akustisches Zeichen (Gong, Pauke, Becken) stehenbleiben, Augen schliessen und den Puls kontrollieren.
- Einem verklingenden Ton lauschen (Becken, Gong) und sich dazu bewegen.
- Alle stehen verteilt mit geschlossenen Augen. Eines läuft (mit offenen Augen) einen Raumweg "akustisch" ab, z.B. Fenster schliessen, Stuhl rücken, Schlüssel drehen, Schublade aufziehen, an die Wandtafel schreiben, Instrument anzupfen. Eines darf nachvollziehen.
- Alle stehen mit geschlossenen Augen. Eines bewegt sich durch die Gruppe (Augen offen), berührt einen Kameraden. Nun bewegt sich dieser anstelle des ersten. Alle folgen mit ausgestreckter Hand der Bewegung.
- Jedes schreibt in die Luft und singt dazu, was clusterartige Klänge ergibt. (Steinschrift, Schulschrift, Sudelschrift, Stenographie, Monumentalschrift, Charakterschrift). Form vorher abmachen, z.B. A B A.
- Jedes hat ein Instrument (Schlaghölzli, kleines Becken, Klangbaustein, Triangel, Rassel), geht herum und begrüsst die Partner mit dem Instrument. Verschiedene Tempi, gesteuert z.B. durch Pauke.
- Jedes hat einen Klangbaustein. Herumgehen, mit dem Instrument begrüssen und sich in die pentatonische, diatonische oder chromatische Reihe stellen (je nach Stufe und entsprechender Auswahl der Klangbausteine).
- Eines darf auf diesem "Instrument"eine Melodie "spielen", ein anderes nochmals die gleiche Melodie.
- Bei der chromatischen Reihe: auf zwei numerieren und zwei einander gegenüberstehende Ganztonreihen bilden, darauf improvisieren und gegenseitig nachmachen.
- Klasse aufgeteilt in zwei Gruppen. In der ersten Gruppe geht ein Schüler barfuss auf spitzen Steinen, alle machen es nach, ein anderer dann auf heissem Asphalt oder durch einen Sumpf usw. Die andere Gruppe improvisiert mit Orff-Instrumenten eine Bewegungsbegleitung.

Mit kleineren Gruppen, aber innerhalb der Klasse

- Zu Musik mit Kinderballons spielen: mit dem Finger, mit der Nase, mit dem Kopf, einem Fuss, dem Ellbogen.
- Maschine bauen: einer beginnt mit einer stereotypen Bewegung samt Geräusch, einer nach dem andern hängt sich an. Dazu (eventuell durch andere Gruppe) ostinate Schlagwerkbegleitung.
- Kleine Gruppen einigen sich auf einen Bewegungsablauf und erarbeiten dazu die Begleitung mit Instrumenten.

Mit dem Partner, aber innerhalb der Klasse

- Eines hat ein Instrument, das andere folgt mit geschlossenen Augen, übernimmt später das Instrument, und der Partner folgt.
- Blind im Raum. Durch Signale (gleicher Ton auf Klangbaustein, oder Singen eines vereinbarten Motivs) einander finden. Wer sich gefunden hat: Hände fassen und verstummen.
- Wie obige Uebung, aber wie Cotillon: die Paare sind z.B. kleine Terzen (darauf achten, dass es nie zwei Lösungen geben kann, hier z.B. nur die Bausteine c, cis d, dis, e, f, a, b, h, c', cis', d' usw.).
- Die Klasse formt aus sich selber ein Labyrinth. Zwei Schüler wurden vorher hinausgeschickt und haben ein Signal vereinbart. Sie sollen sich mit geschlossenen Augen von den beiden Ausgängen her im Labyrinth finden.
- Einer sitzt auf dem Boden, der andere verlässt den Raum. Die Gruppe vor der Türe erhält Stoffbänder und soll dann damit (zu Musik ab Band) den Partner tanzend und ohne zu sprechen zum Mittanzen auffordern.
- Innerhalb einer musikalischen Phrase einen bestimmten Weg zurücklegen, oder den Partner auf halbem Weg treffen.
- Zu rhythmischem Motiv, das der eine improvisiert, improvisiert der andere eine tänzerische Gestalt.
- Eine tänzerische Bewegung wird durch den Partner rhythmisch begleitet.

7. BEWEGUNGSBEGLEITUNG

Neben Schallplatte und Tonband bietet sich sowohl im Musikunterricht, wie auch in beschränktem Umfang in der Turnstunde, eine "lebendige Tanzmusik" an.

Ohne den Wert der Schallplatte herabzuwürdigen - können wir doch mit Originalaufnahmen den Schülern z.B. echte Volksmusik vermitteln - wollen wir uns hier etwas mit der selbstgespielten Bewegungsbegleitung befassen. Im Unterricht sollen nachher beide Möglichkeiten zur Anwendung kommen.

Zwei Beispiele:

- Beim musikalischen Erarbeiten eines Kontratanzes mit einfachsten Mitteln und beim Tanzen zu dieser Musik (entweder gruppenweise abwechselnd oder mit Tonbandaufnahme) können wir die Schüler den Gesamtcharakter durch Haltung, Schritte und Musikaufbau sehen und spüren lassen. (Voraussetzung dazu ist selbstverständlich eine Choreographie, welche die Form der Musik übernimmt.)
  Solche Einblicke in Charakter und Form einer Musik wären ohne Bewegung kaum zu vermitteln.
- Durch Singen, Musizieren und Tanzen eines griechischen Liedes im 7/8-Takt können die Schüler einen uns eher ungewohnten Rhythmus ganzheitlich erleben.

Zum Tanzen brauchen wir nicht unbedingt eine Melodie: ein Rhythmus und eine Form genügen. Dies können die Schüler sehr gut selber erarbeiten:

Normalerweise entwickelt sich die Bewegung aus der Musik. Warum aber nicht einmal umgekehrt? Wir verbinden einfache Tanzschritte miteinander zu einer Figur, zu einer Form und suchen dazu den passenden Rhythmus, den wir anschliessend nach Belieben (improvisiert) umspielen können.

Die einfachsten Begleitmöglichkeiten liegen sicher in den Klanggesten (Klatschen, Schnalzen, Patschen, Stampfen). Weiter ausbauend ergänzen wir mit einfachen Rhythmusinstrumenten (Rasseln, Triangel, Tambourin, Bongos, verschiedene Trommeln usw.).

Auch die Sprache lässt sich in der Form von Gedichten, Kinderversen, Abzählreimen und Nonsensversen als Bewegungsbegleitung verwenden.

Einfache Melodien (auf einem beliebigen Instrument gespielt) begleiten wir mit einem Bordun (im Prinzip liegende Grundquinte, eventuell mit schweifender Umspielung durch die eine oder die andere Stimme).

Einige Beispiele für fertige Sätze:

- *Orff Schulwerk "Griechische Kinderlieder und Tänze"*
  Band I, Schott 5146

  JERAKINA, TZAKONIKOS, KALAMATIANOS u.a.

- *Europäische Tanzstücke, Moeck 357*

  ALUNELUL, BRANLE DU QUERCY, ZAJECARKA, TROIKA

- *Bunte Stabspielreihe, Heft 3 "Internat. Volksmusik"*
  Pelikan 833

  KREBSPOLKA

- *Hans Bergese: "Kleine Stücke grosser Meister" Möseler*

  LA FEUITE

- *Das Schlagwerk, Liedsätze, Pelikan 815*

  BRANLE DU QUERCY, ALOUETTE

- *E. Werdin: "Lied Spiel und Tanz", Pelikan 775*

  TANCUI

- *Peter Gmünder: "Schweizer Volkstänze" für Quartett oder Orchester Schlossverlag 3532 Zäziwil*

- *Wey M., Urabl H.: Der Alewander und weitere Tänze für Kinder und Jugendliche Pan Verlag*

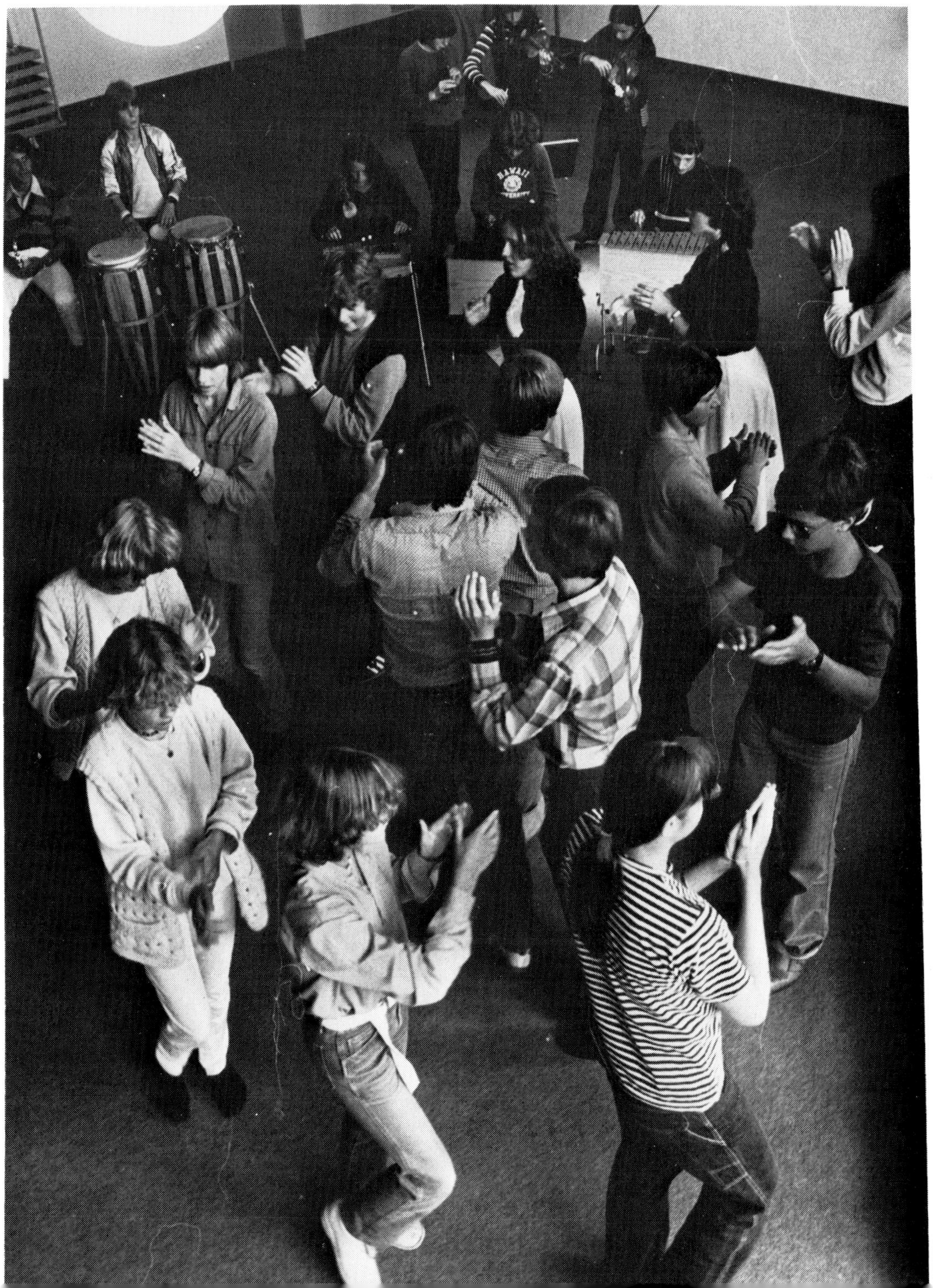

8. LITERATUR

Für die Praxis:

Keetman G.	Elementaria Erster Umgang mit dem Orffschulwerk	Klett
Haselbach B.	Tanzerziehung Grundlagen und Modelle für Kindergarten, Vorschule und Grundschule	Klett
Haselbach B.	Improvisation, Tanz, Bewegung	Klett
Mahler M.	Kreativer Tanz	Zytglogge
Gass-Tutt A.	Tanzkarussel, 101 Kindertänze für daheim, Kindergarten, Spielplatz, Vor- und Grundschule, Turnhalle	Fidula
Klindt E.	Tanz in der Schule Amerikanische Tänze für den Anfangsunterricht, Grundformen und Tänze nach Beat	Karl Hofmann Schorndorf
Lager H.	Alte Tänze für junge Leute Europäisches Tanzgut für die Gestaltung neuer Geselligkeit	Cura
Lander H., Palm F.	Tänze aus Amerika I und II	Bosse, Regensburg
Krompholz G.	Tanzen für alle Von den Grundelementen zu geselligen Tanzformen	blv sport
Wey M., Urabl H.	Der Alewander und weitere Tänze Tänze für Kinder und Jugendliche (mit zwei kleinen Schallplatten)	Pan
Loneux B. et J.	Folklore (Tänze aus Osteuropa) (es gehört eine Langspielplatte dazu)	Ellen Cleve - Schule, Kiel
Glathe-Seifert B.	Rhythmik für Kinder Beispiele für die rhythmisch-musikalische Erziehung	Georg Kallmeyer
Schmoke A.,	Rhythmik/Tanz in der Primarstufe	
Jakob K.	Musikerziehung durch Bewegung Beispiele und Anregungen für den elementaren Rhythmikunterricht	Möseler
Zihlmann H.	Rhythmische Erziehung	Comenius
Zitzelberger H.	Musik in Linien und Farbe	Belz

Rosenstengel A.	Musikreport: Tanzmusik in der Schule Heft 2051 Folklore 1 (einfache Sätze) Heft 2052 Folklore 2 " Heft 2053 Gesellschaftstänze "	eres

Theoretisches:

Günther H., Schäfer H.	Die Geschichte des Gesellschaftstanzes	Fritz Ifland
Taubert K.H.	Höfische Tänze Geschichte und Choreographie	Schott
Hoerburger F.	Aus der Schriftenreihe Mensch und Tanz: Volkstanzkunde 1 Volkstanzkunde 2	ATB (Arbeitskreis für Tanz im Bundesgebiet)
Günther H., Haag H.	Von Rock'n Roll bis Soul Die modernen Poptänze von 1954 bis 1976	Gertrud Hepp
Günther H.	Grundphänomene und Grundbegriffe des afrikanischen und afroamerikanischen Tanzes	universal edition
	Fachausdrücke Volkstanz	Walter Kögler

Kleinere Schriften:

	Tanz, Rhythmus, Partnerschaft Beiträge zur Begegnung von Kirche und Welt	Akademie Diözese Rottenburg
Emrich E.	Musisch-kulturelle Bildung zwischen Tradition und Futurologie	Werkgemeinschaft Lied und Musik, Jugendhaus Düsseldorf
Merz M.	Tanz als Lebensfrage	Verlag für Lebens- kunde, Bensberg
Lander H.	Tanz in der Jugendbildung	Rau
	Informationen über Tanz: Heft 1: Tanz und Gesellschaft Heft 2: Tanzunterricht in Deutschland Heft 3: Tanz und Technik, pädagogische Relevanz musischer Ausdrucksformen Heft 4: Tanzdidaktische Konzeptionen, Symposium über Tanzdidaktik	ATB Arbeitskreis für Tanz im Bundesgebiet)
Fritsch U. Zipprich Ch.	Lehr- und Lernhilfen zum Tanz: Literaturverzeichnis, Zeitschriften- verzeichnis, Kontaktadressen	ATB (Arbeitskreis für Tanz im Bundesgebiet)

Zu diesem Buch gibt es auch eine Schallplatte - Tanzchuchi (zyt 233) oder Kassette (C 233). Sie können sie direkt beim Verlag oder in Schallplattengeschäften beziehen.
Alle anderen erwähnten Schallplatten erhalten Sie bei:
Heinz Baumann, Holbeinstrasse 66, 4051 Basel, tel. 061/22-39-31.

A TÄNZE MIT PARTNERBEZUG
B TÄNZE OHNE PARTNERBEZUG
C MODERNE SPIELFORMEN

9. UEBERSICHTSTABELLE DER TANZBEISPIELE

M = Mixer
↔M↔ = Mixer frei im Raum
P = Partner

	Seite		Persönlichkeits- und Gemeinschaftserziehung	Kreativität	allgemeine Körper- und Bewegungsformung	"Tanztechnik"	Musikerziehung	allgemeine Hinweise
A TÄNZE MIT PARTNERBEZUG								
1. Frei im Raum und im Kreis								
Universalmixers:								
- MIXBECHER	34 161	↔M↔	freier P'wechsel: "wählen-gewählt werden", "s.kennen lernen"	individuelle Raumwege	Raumwege Kreislauf Beine/Fussgelenke ←	Promenade solo/ Paar Paardrehen Swingschritt	musikalische Gliederung: 3 Teile à 16 Zeiten	"Mixer"→ Leute "mixen".....
- GROSSER ATLANTIK	34 161	M	P'wechsel mit "Zufall", "s.kennen lernen"		Raumwege Beine/Fussgelenke	Tanzrichtung und Gegentanzrichtung, Handtour, Promenade Paardrehen Swingschritt	musikalische Gliederung 16,16,8+8,16 Zeiten	"..wie der Schiffsverkehr auf dem Atlantik"...
- QUIRL/SCHWING-BESEN-MIXER	34 161	Paar- ↔M↔	freier P'wechsel; "s.kennen lernen"	individuelle Raumwege	Raumwege Kreislauf Gleichgewicht	Promenade,Zwei-Paarkreis Swingschritt	musikalische Gliederung 2 Teile à 16 Zeiten	vgl. "Schwin besen"
- POP GOES THE WEASEL 1 - DREIERMIXER s. Trios - POP GOES THE WEASEL 2 s. Trios	35 151 150 151	Paar M	geordneter/evtl. freier P'wechsel			"Tor" Paarkreis	Folge auf nur 16 Zeiten mit deutlichem Akzent: 	"...weg ist das Wiesel..
BREAKMIXER	36 140	↔M↔	freier (oder geordneter) P'wechsel	individuelle Raumwege geeignet für Einführung über Bewegungsaufgaben		Rad Promenade Klanggesten →	deutlich gegliederte Musik mit "Break"; Rhythmus 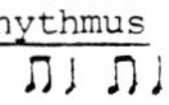	"Break" hier als "Loch" i der Musik...
DOUDLEBSKA POLKA	37 142	M	freier P'wechsel oder P'wechsel nach "Zufall", Paar-, Kreis- und Einzelaktion	individuelle Raumwege, "Klatschfigur", improvisieren z.B. Einführung über Bewegungsaufgaben		"Mühle"("Stern") Klanggesten →		Tanzspiel au der Tscheche
BITTE MAND I KNIBE	38 143	Paar M	freier P'wechsel: "wählen- gewählt werden"	individuelle Raumwege	Kreislauf ←	Laufen im Walzerschritt	3er-Rhythmus (6/8)	"Kleiner Mar in der Klemm Tanzspiel au Dänemark
KREBSPOLKA	40 147	evtl. M	geordneter P'wechsel, neuer P nach "Begrüssungsrunde"		Raumwege	Nachstellschritt sw. und Seitgalopp "Slalom" Gehen	Rhythmus 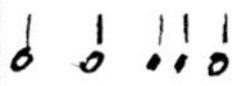	Krebs... vorwärts-rückwärts-Bewegung, Tanzmelodie aus Oesterreich
ZIGEUNERPOLKA	41 145	M	Geordneter Partnerwechsel mit "Abklatschen"		Kreislauf ←	evtl. Rundpolka Tanzrichtung und Gegentanzrichtung	deutliche unterscheidbare Musikteile	Deutschland vgl. "Atlan geeignet als "Vorläufer" zu "Kette"
CIRCASSIAN	42 141 161		Geordneter Partnerwechsel		Fussgelenke ←	Kreis "Zur Mitte und zurück", Promenade Paardrehen Swingschritt	Musikalische Gliederung: 4+4, 4+4, 4+4, 4+4, 16, 16	England "Prototyp" eines Kreismixers

	Seite		Persönlichkeits- und Gemeinschaftserziehung	Kreativität	allg. Körper- und Bewegungsformung	"Tanztechnik"	Musikerziehung	allgemeine Hinweise
ANDER	44 146	evtl. M	Einzel-, Paar-Kreisaktion; geordneter P'wechsel, neuer Partner nach "Begrüssungsrunde"		Raumwege	Kreis Slalomgehen Paardrehen	musikalische Gliederung 3 Teile à 16 Zeiten	alter Schweizertanz
ITTORESQUE	46 144	-	Paaraktion und Kreisaktion			Solodrehungen Rad "Mühle" ("Stern")	deutlich gegliederte Musik in schnellen, und langsamen Teil	alte Tanzmelodie aus dem Wallis (Schellenbaum)
R NODED	48 138 148	M	geordneter P'wechsel, neuer P nach "Begrüssungsrunde"		Raumwege	Kette Paardrehen	"Ueberschusstakte" feine, gehaltvolle Musik	...der Weg ist lang... der wandernde Sänger..." aus Israel
JNO SHEL YOSSI	47 144 161	M	Geordneter Partnerwechsel kurze Begegnung		Fussgelenke ←	Laufschritte Schritt-Hop (mit "Swing") Paardrehen		Israel
'FLE MIXER	49 132 162 173	M	keine assung → "Kontakt auf Distanz", geordneter P'wechsel	Im "Rohbau" gegebene Folge individuell im Popstil "ausbauen", geeignet für Einführung über Bewegungsaufgaben		Grundbewegungen aus dem Poptanz ("Double/Simple")		Pop-Stil
'Y MIXER	50 172	M	Motivation! geordneter P'wechsel		Beweglichkeit Hüft- und Fussgelenke	Ferse-Spitze Nachstellschritt sw. "Chug"		"Polka-Kind", USA
NESSEE WALK	56 182	M	geordneter P'wechsel			"Tupf-Tupf-Schritt-Schritt-Schritt"	Rhythmus ♩♩♫♩	USA Vgl. Rhythmus u. Schritte von Samba-Mixer und Misirlou (Unterschied!)
'Y DOG RAG	54 149	-	"Miteinander-Auseinander-Zueinander"	geeignet für Einführung über Bewegungsaufgaben	Kreislauf Gewandtheit Gleichgewicht	recht anspruchsvolle Bewegungskombination Solodrehung Rad, Polkaschritt	Ragtime-Stil	USA Grundformen auch des freien Paartanzes (z.B. Polka, Walzer, Rock usw.)
PPIN' OUT	57 171	-	"Bewährungsprobe"; einander im Rhythmus-durchhalten unterstützen		Bewegungsgedächtnis	anspruchsvolle Bewegungskombination "Brush" "Cat-Step"	musikalische Gliederung AABA "Loch" in der Musik Tempo halten!	Musik hören! "Tunnelmusik" USA
BA MIXER	53 183	M	Mit und ohne Fassung ("Kontakt auf Distanz")	Zusatzbewegungen individuell	Beweglichkeit Hüft- und Fussgelenke	"Tupf-Tupf-Schritt-Schritt-Schritt"	Rhythmus: ♩♩♫♩ ♫♩	Samba-Stil Vgl. Rhythmus u. Schritte von Tennessee Wig Walk und Misirlou (Unterschied)
ps: OP GOES THE EASEL 2	35 151	M	Schneller P'wechsel, kurzer Kontakt im Trio	Geeignet für Einführung über Bewegungsaufgaben		"Tor", Kreis	Folge auf nur 16 Zeiten mit deutlichem Akzent:	USA "...weg ist das Wiesel..."
REIERMIXER	35 150	M	Aktion im Trio, im Paar, im Kreis geordneter P'wechsel		Kreislauf ←	Swingschritt, "Tor"		

	Seite		Persönlichkeits- und Gemeinschaftserziehung	Kreativität	allg.Körper- und Bewegungsformung	"Tanztechnik"	Musikerziehung	allgemeine Hinweise
- TROIKA	61 150	M	Aktion im Trio, im Paar, im Kreis geordneter P'wechsel		Kreislauf!	← Laufen	musikalische Gliederung: 16,16,8+8,16 Zeiten	russisches Schlitten-lied MuOS
- TE VE' OREZ	59 151	M	Aktion im Trio, im Paar, im Kreis geordneter P'wechsel		Kreislauf	Front- und Richtungs-wechsel; Tanzrichtung, "zur Mitte und zurück"	musikalische Gliederung: 8,8,8,8 Zeiten	Situation der Neusiedler in Israel: "...als sie nur von Tee und Reis lebten..."
- MACHAR	60 152	M	kurze Begegnungsmomente im Paar mit und ohne Fassung			Kombination Laufen und Hüpfen Rad auf 4 und auf 8 Schritte	Musik = gute Bewegungs-unterstützung gehaltvolle Musik	Machar = "morgen" Israel

2. In Reihen und im Quadrat

POLONAISE	79		"führen-folgen", "sich kennen lernen" viel-fältige Begegnungs-möglichkeiten	Möglichkeit, Raumwege und Figuren-konstellation zu variieren	Haltungsbewusst-sein, Raumer-fahrung	versch. Raum-wege	Musikbeispiel in 3/4 und 2/4 Takt	höfischer Ursprung; ursprünglich nur 3/4 Takt
HAYMAKERS JIG	65 138 154		vielfältige Be-gegnungsmöglichkeiten, "aktive" und "passive" Rolle		Orientierung, Bewegungsüber-gänge	Grundformen des Squaredance wie Balance ("Pas de Basque") Swing		Reihentanz aus England/ USA
IRGINIA REEL	63 153 138		vielfältige Be-gegnungsmöglichkeiten, "jeder tanzt mit jedem"		Gedächtnis	recht an-spruchsvolle Folge von Figuren: Rad, Handtour, Paar-Kreis, Dos-à-Dos, "Si-So"		Reihentanz aus den USA
OLSTEINER REITOUR	66 156 137		vielfältige Be-gegnungsmöglichkeiten		Orientierung Bewegungs-übergänge	Figuren: Kreis, Kette, "Tor", Handtour, Mühle	Form des Tanzes: Strophe/ Refrain	aus Deutsch-land, nach höfischem Vor-bild
RAND SQUARE	68 154 138		vielfältige Be-gegnungsmöglichkeiten, "jeder tanzt mit jedem"		Bewegungs-fluss Orientierung/ Raumerfahrung	interessante Raumwege mit Figuren "Vier-ecke", Paar-kette ' Damen-kette	Tanz: Rondoform	Squaredance England/USA
LA CROISEE	71 157 138		verschiedene Be-gegnungsmöglichkeiten, kurzer P'tausch		Kreislauf Orientierung/ Raumerfahrung	Seitgalopp Raumwege "im Kreuz" +	Form des Tanzes: Strophe/ Refrain	alte Walliser Tanzmelodie (Schellenbaum) Tanz höfisches Vorbild
LA TRIOMPHANTE	76 158 138		Stil, "Anstand", viel-fältige Begegnungs-möglichkeiten		Haltungsbe-wusstsein Gedächtnis Orientierung/ Raumerfahrung	Interessanter Wechsel von Formationen; Figuren, u.a. Paarkette Reverenz	gutes Bei-spiel für authentische barocke Kammermusik	höfischer Tanz Frankreich 18.Jhd. Schweizer Söldner bringen ihn in die Schweiz
LA FOLIE À LA MODE	73 159 138		Stil, "Anstand , viel-fältige Begegnungs-möglichkeiten, kurzer P'austausch		Haltungsbe-wusstsein Gedächtnis Orientierung/ Raumerfahrung	Interessante Raumwege mit u.a. Figur "Bretzel": 	gutes Bei-spiel für authentische barocke Kammermusik	höfischer Tanz Frankreich 18. Jhd. Schweizer Söldner bringen ihn in die Schweiz

	Seite		Persönlichkeits- und Gemeinschaftserziehung	Kreativität	allg. Körper- und Bewegungsformung	"Tanztechnik"	Musikerziehung	allgemeine Hinweise
TÄNZE OHNE PARTNERBEZUG								
Tänze aus Israel								
VA NAGILA	90		Motivation "führen-folgen" (Anführer)	Variation des Hora-Grundschrittes z.B. als Bewegungsaufgabe "verändern"	Kreislauf, (geeignet für Lektionseinleitung: Steigerung langsam schnell)	Hora-Schritt	Akzentverschiebung: Tanz 6/4 Musik 4/4	Vgl. mit 6/4-Tänzen Mime Sip Simeon Boogie/ Rock'n Roll/ Jive
AYIM	82 166 161		"Beschwören" Erlebnis der Gemeinsamkeit	eignet sich für Einführung Grapevine-schritt: s. "Aufbaureihe über Bewegungsaufgaben"	Kreislauf, Beweglichkeit Hüfte, Bewegungsfluss	Grapevine	gutes Beispiel für Musik = Bewegungsunterstützung	Beschwörungstanz Mayim = Wasser "... ihr werdet schöpfen aus den Quellen des Heils".
ASHUAL	87 165 161		Motivation Ausdrucksbedürfnis			Grapevine ("unregelmässiger") Wechselschritt	Interessanter Taktwechsel (4/4, 3/4) gehaltvolle Musik	Tanz mit pantomimischem Charakter
RI ZION	84 163 161		sich (gemeinsam) "den Mut ertanzen", "...sich mitreissen lassen", sich ausgeben...	s. Einführung Grapevine über Bewegungsaufgaben, geeignet als Modell für ähnliche individuelle Schrittkombinationen	Kreislauf, Beweglichkeit Hüfte Fussgelenke, Bewegungsfluss	Grapevine, Schritt-Hop Kreisbewegung →, ←	gutes Musikbeispiel: deutlich unterscheidbare Teile A,B	...erwache Zion!
ORA NIRKODA	85 164 161		Erlebnis der Gemeinsamkeit, sich "mitreissen" lassen	s. Einführung Grapevine über Bewegungsaufgaben, geeignet als Modell für ähnliche individuelle Schrittmotive	Kreislauf, Beweglichkeit Hüfte Fussgelenke, Bewegungsfluss	Grapevine, Schritt-Hop Kreisbewegung ←, →	gutes Musikbeispiel	"Hora Nirkoda" = "lasst uns tanzen"
ORA HASSIDITH	86 164 161		Erlebnis der Gemeinsamkeit, sich "mitreissen" lassen	s. Einführung Grapevine über Bewegungsaufgaben	Kreislauf Beweglichkeit Fussgelenk ←	Grapevine: "unterbrochen" mit schnellen/ langsamen Gewichtsverlagerungen "Pas de basque"	Form AAA BBB; gutes Beispiel "ruhiger-lebhafter" Teil	Vgl. Ahavahat Hadassah
ZEMER ATIK	89 185		Motivation durch Musik-/Bewegungsstil ("Speziell")				Rhythmus Synkopische Klanggesten	Israel Vgl. andere Tänze mit Rhythmuskombinationen kurz/lang
AHAVAT HADASSAH	92 167		Motivation durch Musik/ Bewegungsstil ("Speziell")		Beckenbewegung	Gewichtsverlagerung vor/ rück, seit Kreuzschritte	ruhige, gehaltvolle Musik	Reihentanz aus Israel vgl. Hora Hassidit
2. Tänze aus dem Balkan								
JUGO	97		Motivation! Erlebnis der Gemeinsamkeit betont durch enggefassten Kreis		Kreislauf (Abwechslung anstrengender Teil/"Erholungsteil")	elementare Bewegungsmotive (Richtungswechsel, Schritt, Tritt, Sprung) in einer sehr eingängigen Folge	3 deutlich unterscheidbare Teile; gutes Beispiel für Musik als Bewegungsunterstützung	international gehört zum Grundrepetoi Entstanden i Holland in einem Repatriierten lager.

	Seite		Persönlichkeits- und Gemeinschaftserziehung	Kreativität	allg. Körper- und Bewegungsformung	"Tanztechnik"	Musikerziehung	allgemeine Hinweise
SAVILA SE BELA LOZA	99 168		"führen-folgen"	freie Raumwege	Kreislauf Fussgelenke	Raumwege; einfache Kombination von Laufen und Hüpfen	Musikhören: 2 deutlich unterscheidbare Teile; ungewohnte Taktzahl: 5 taktiger/ 6 taktiger Teil	Jugoslavien "...bog sich eine schöne Rebe..."
ERSKO KOLO	100		sich einordnen, anpassen	Variationsmöglichkeiten	Kreislauf Fussgelenke	elementare Formen: Richtungs-/Frontwechsel Nachstellschritte sw., Hop	Musikhören: 2 deutlich unterscheidbare Teile	Jugoslavien Kolo = Kreis Reigen Ersak = Baue Dorfbewohner
POSKOK	98 168		sich einordnen, anpassen		Kreislauf Fussgelenke	verschiedene Motive mit Schritten und Schritt-Hop; Richtungs-/und Frontwechsel		Jugoslavien
MILANOVO KOLO	101 184					Wechselschritt	Rhythmus ♫♩	Jugoslavien Kolo = Kreis Reigen
MISIRLOU	103 184		Erlebnis, gemeinsam von der Musik getragen zu werden			Wechselschritt	Rhythmus: ♫♩ ♩♩♫♩	Griechenland USA Vgl. Rhythmu u.Schritte v Tennessee Wi Walk, Samba M (Unterschied)
AIDE JANO	102 189		Erlebnis, gemeinsam von der Musik "getragen" zu werden		Haltungsbewusstsein Bewegungsführung	Einfache Schrittkombination (Gehschritte)	Takt 7/8! Interessante Kombinationen von "lang" und "kurz"	Jugoslavien Vgl. Kalamatianos
KALAMATIANOS	106 188		"führen-folgen", reagieren: Variationen ansagen, vortanzen	Variationsmöglichkeiten, Improvisation	Beinmuskulatur falls Hockfigur	Entwickeln von Schrittkombinationen aus Vor-, Rück-, Kreuzschritten; Drehungen um sich selber	Takt 7/8! einfache Kombination von "lang" - "kurz"; ♫♫♫ vgl. 𝅗𝅥♩♩	Griechenland vgl. Ajde Jan
ZORBA	104 169		Motivation Musik-/Bewegungsstil!		Haltungsbewusstsein Koordination	elementare Schritte: Vor-Rück-, Kreuzschritte, in interessanter Folge		Griechenland Grundschritte aus dem Sirtaki; Choreographie zur Filmmusik
ALUNELUL	111 186		Erlebnis der Gemeinsamkeit; Bewährungsprobe: Tempo durchhalten		Kreislauf! Gewandheit/ Geschicklichkeit Koordination	Richtungs-/Frontwechsel, rechts, links!	Musik schneller werdend, interessante rhythmische Motive auf 16,8,4 Zählzeiten	Rumänien Alunelul = Haselnüsse
3. Uebrige Tänze								
BAŠISTOVSKA	109 187		Bewährungsprobe / einander im Rhythmus unterstützen	Variationsmöglichkeiten	Geschicklichkeit!	Klanggesten	Form: Strophe/Refrain rhythmische Sicherheit rhythmische Motive mit 8/4	Männertanz aus der Tschechoslowakei
KARICKA	108 190				Kreislauf Beweglichkeit Gewandtheit	anspruchsvolle Schrittkombinationen Grapevine, "Čardaš-Schritt auf 7"	Akzentverschiebung (bei Variation): Schritt 3/4, Musik 4/4 Rhythmus: interessante Gliederung, A Teil 7/4	Mädchen-Čardaš aus der Tschechoslowakei vgl. z.B. Hora-Schritt

	Seite		Persönlichkeits- und Gemeinschaftserziehung	Kreativität	allg.Körper- und Bewegungsformung	"Tanztechnik"	Musikerziehung	allgemeine Hinweise
RNEVALITO	95		Motivation durch Musik	freie Raumwege		Schritt-Schritt-Schritt-(Hop)		aus Bolivien als Reihentanz
RRIDO	93 161 166		Motivation: Spass, Temperament... sich ausgeben...	s.Einführung Grapevine über Bewegungsaufgaben / Variationsmöglichkeiten	Kreislauf Beweglichkeit Hüfte Bewegungsfluss	Grapevine, Solodrehungen	Form: interessante Gliederung Akzentverschiebung Variation: Schritt 3/4, Musik 4/4	aus Mexiko
MODERNE SPIELFORMEN								
SATSCHOK	112		Motivation, Ausdrucksbedürfnis, austoben!	Variationsmöglichkeiten	Kreislauf, Beinmuskulatur		Rhythmus ♩♩♫♩	Modetanz nach russischem Vorbild
P SIMEON	113 181		"Bewährungsprobe": Tempo durchhalten!	Variationsmöglichkeiten, eignet sich für Einführung über Bewegungsaufgaben	Kreislauf (Steigerung langsam-schnell) Geschicklichkeit Koordination	kurze Folge aus u.a. "Spitze-Ferse", Hora-Schritt	Rhythmus Akzentverschiebung Tanz 6/4 Musik 4/4; Musik schneller werdend	Modetanz nach russischem Vorbild vgl. Hava Nagila (6/4) u.a. 6/4 Tänze
M CAT	121 176		Motivation durch Musik und Bewegungsstil		Koordination	Chug, Swing (Bein ausschwingen)	Musik- und Bewegungsphasen stimmen nicht überein	Musik: Hully - Gully USA
SSA NOVA	119 176		Motivation durch Musik und Bewegungsstil	Spielen mit gegebener Grundform		Wechselschritt	Rhythmus ♫♩	Samba-Kind (Jazz-Samba) vgl.Samba Mixer
TA PATA	118 174		Motivation durch Musik- und Bewegungsstil evtl. mit Partnerbezug	Spielen mit gegebener Grundform	allgemeine Beweglichkeit, hauptsächlich Schultern, Hüfte	Koordination von Mit- und Gegenbewegungen der Arme und Beine		Pop-Tanz vgl.Schrittmotive Autostop, Manhattan
NHATTAN	117 175		Tanzen für sich allein, Ausdrucksbedürfnis	Spielen mit gegebener Grundform	Beweglichkeit, hauptsächlich Hüftgelenk	"Platztanz" mit den Füssen: ein- und ausdrehen, "Ferse" "Spitze", Mitbewegungen der Arme		Pop-Tanz vgl.Schrittmotive von Autostop Pata Pata Short Cake
TOSTOP	116 177		Motivation durch Bewegungsstil; auch mit Partnerbezug möglich	Spielen mit gegebener Grundform	allg. Beweglichkeit, lösend			Pop-Tanz vgl.Schrittmotive von Pata Pata Manhattan Short Cake
'AMPY	119 174		evtl. mit Partnerbezug	Spielen mit gegebener Grundform		elementare Formen: Klanggesten Seit-,Vor-, Rückschritte, "Kick"	eignet sich für "Bewegungskanon"	
ME	117 191		Erlebnisfähigkeit, "für sich allein tanzen" - einander im Rhythmus unterstützen	Variationsmöglichkeiten	Bewegungsqualitäten	Folge aus nur 6 Schritten! Frontwechsel, Solodrehungen	Akzentverschiebung: Tanz 6/4 Musik 4/4	vgl.andere "6/4 Tänze": Hava Nagila Sip Simeon Boogie / Rock/Jive usw.
OOGIE/ROCK'N ROLL IVE	122 192 193		Motivation durch Bewegungsstil und Musik "führen - folgen", Selbständigkeit im Paar	Kombinieren variieren und improvisieren	Koordination	Grundfiguren aus dem Paartanzen; anspruchsvoller Grundschritt des Rock'n Roll, 6/4: "kurze" und "lange" Gewichtsverlagerung	Akzentverschiebung: Tanz 6/4, Musik 4/4	Aktualität! vgl. andere "6/4 Tänze": Hava Nagila Sip Simeon usw.

10. ALPHABETISCHES VERZEICHNIS der Tanzbeispiele

Theater

Leckere Schulhappen
So hätte ich auch gerne gelernt

«Wollt ihr also die Intelligenz eures Schülers fördern, so fördert die Kräfte, die sie beherrschen soll. Übt ständig seinen Körper, macht ihn stark und gesund, um ihn weise und vernünftig zu machen. Lasst ihn arbeiten, sich betätigen, laufen, schreien und immer bewegen.» Jean-Jacques Rousseau: «Emile oder Über die Erziehung».
Wie solches Arbeiten mit dem ganzen Körper, mit allen Sinnen aussehen kann, zeigen die Werkbücher des Zytglogge Verlages alle: Es ist eine grosse Lust, in den Büchern herumzustöbern, sei es, um hineinzuschnuppern, um Ideen für den Unterricht der nächsten Zeit zu finden, um zu erfahren, was bisher im Unterricht sträflich vernachlässigt wurde, etc.
Ins Auge fällt die grosszügige Gestaltung der Bücher. Das Format 21 × 30 cm lässt Platz für viele Fotos, grossen Schriftdruck, Luft auf den Seiten, viele handgeschriebene Notizen und Anleitungen. Mit Papier wurde nicht am falschen Ort gespart. Die einzelnen Bände sind unterschiedlich gestaltet, keiner ist vergleichbar in seinem Layout mit den anderen. Aber allen scheint die Liebe zu dem Inhalt, zu den Kindern und Erwachsenen unsichtbar zwischen die Zeilen geschrieben zu sein. Die Produkte sind dem Verlag offensichtlich nicht gleichgültig. In ihnen finde ich noch etwas von der Freude und dem Spass wieder, die Lehren und Lernen auch bedeuten können.

Eselsohr

Br., A4, 200 S., 32.—/35.—

Br., A4, 200 S., 32.—/34.—

Br., A4, 240 S., 32.—/34.—

Br., A4, 152 S., 32.—/34.—

Seit einigen Jahren hat sich ein grundlegender Wandel auf dem Bereich des Schultheaters abzuzeichnen begonnen. Theaterspiel wird heute immer mehr als integrierender Teil des Schulalltags empfunden, und dies nicht etwa nur im Deutschunterricht, sondern als fächerübergreifende Möglichkeit spontaner Äusserungen und Aktionen.
In diesem Zusammenhang bilden die vier Bände «Schultheater» eine wertvolle Hilfe, zeigen sie doch die vielfältigen Möglichkeiten auf, wie in einer Klasse Theater gespielt werden kann. Dazu gehören das Spiel mit Masken oder Schatten, mit improvisierten Tücherpuppen oder Stabfiguren, ganz zu schweigen von andern Ausdrucksformen wie Tanz oder Pantomime.
Die vier Bände enthalten Beiträge von vielen erfahrenen Praktikern. Anstelle von Rezepten werden Anregungen, Protokolle und Erfahrungsberichte abgedruckt, wodurch jedem blossen Nachahmen zum vornherein der Riegel geschoben wird.
Alle Beiträge sind sehr anschaulich dargestellt mit Fotos, Zeichnungen, Materialien. Weitere Vorzüge: gute Verbindung zwischen Praxis und methodisch-didaktischen Erläuterungen; gut lesbar; aufgelockertes, zum Blättern und Lesen anregendes Layout. *Westermann Pädagogische Beiträge*

Band 1: Berichte über Aufführungen, Proben, praktische Hinweise. Ein von Theatermachern selbstgestaltetes Buch. Möglichkeiten des Schulspiels (von den Etüden bis zum klassischen Theater) / Theaterwoche mit schwierigen Kindern (Figuren- und Raumtheater am Beispiel eines Seeräuberstückes) / Hinführen von Körper, Ton und Text zum Stück.
Autoren: Siegfried Amstutz, Josef Elias, Hanspeter Bleisch, Max Huwyler, Bendicht Salvisberg

Band 2: Das Schulspiel in all seinen Variationen (Pantomimen, Masken- und Puppenspiel, Fortsetzungsspiel, Rollenspiel, Psycho- und Soziodrama) zum Bestandteil des Sprachunterrichts werden zu lassen ist das Anliegen dieses Buches.
Autoren: Kaspar Fischer, Peter Wälti, Elisabeth Kälin, Dani Lienhard, Peter Wyler, Justin Rechsteiner

Band 3: Spiele ohne Aufwand / Spiele mit Worten / Lehrer lernen spielen / Schulspiel im Videofilm / Konfliktspiele / Gulliver in Liliput. Ein Werkbuch mit Anwendungsmöglichkeiten für jede Stufe und jeden Raum. Mit Denkanstössen, die praktizierbar sind.
Autoren: Nelly Zobrist, Artur Gloor, Hans Stebler, Stefan Scherrer. Spatz & Co., Jean Racine

Band 4 vereinigt Theaterarbeiten, die in den letzten Jahren entstanden sind, in all ihren Facetten des Entstehungsprozesses bis zur Aufführung.

Die Beiträge stammen von Leuten, die sich für Kreativität in den Schulen engagieren und selbst viel dazu beitragen:
- Adrian Portmann & Co.
  Theatercollage «mir» (zu deutsch «wir»)
- Kaspar Fischer
  Dornröschen-Variationen
- Wolfgang Hartmann
  Das Stück von den komischen Vögeln
- Andreas Schöni
  Ausflug auf die Ruine Gehristein

Damit ist die heutige Theaterlandschaft um viel Profiliertes und Engagiertes bereichert.

Jeder Lehrer und Erzieher wird gerne danach greifen und sich hoffentlich von dem in manchen Beispielen verwendeten Schweizer Dialekt nicht abhalten lassen. Eine reiche Fundgrube von Einfällen und praktischen Anleitungen, ergänzt durch großzügige Fotos von praktischen Schultheatern. Auch Heime und Internatsschulen sollten mit Begeisterung danach greifen.

Basis

Tanz

Br., A4, 122 S., 24.—/26.80

Wer dieses Buch durchblättert, spürt sofort, dass es aus einer reichen praktischen Erfahrung entstanden sein muss.
Der erste Teil des Buches gibt viele Anregungen für die Körper- und Bewegungsschulung. Trotz des systematischen Aufbaus handelt es sich nicht um eine fertige Technik; im Gegenteil: hier wird der Körper mit Hilfe von Bewegungsaufgaben auf eine spielerische Art geschult und geformt.
Der zweite Teil zeigt Möglichkeiten auf, wie eine Lektion gestaltet werden kann. Dabei fällt das Wechselspiel zwischen Improvisation und Gestaltung besonders auf. Es geht um das Suchen neuer und eigener Bewegungsmöglichkeiten, aber auch um das Erarbeiten fester Formen.
Im dritten Teil finden wir Lektionsbeispiele und -protokolle für die Praxis. Anstatt abzugrenzen und einzuschränken, wie dies auf dem Gebiet des Tanzes leider allzu oft geschieht, sprengt dieses Werkbuch in vielen Hinsichten den Rahmen, und trotz der Vielseitigkeit hat das Buch einen klaren Aufbau.
Schliesslich sind es die vielen guten Fotos und Skizzen, welche einem selbst zum Ausprobieren von Madeleine Mahlers Ideen veranlassen können.

Verena Egger,
Sporterziehung in der Schule

Br., A4, 128 S., 28.—/31.—

Das Buch zeigt dem Pädagogen oder Gruppenleiter Wege und Möglichkeiten, wie mit dem Tanz aus eigenem Erleben Bewegungsfreude entstehen kann, aber es ist nicht ausschliesslich eine Ideen- und Stoffsammlung. In Vor- und Zwischentexten werden Erfahrungen und Hintergründe der Autorin vermittelt. Darin beschreibt sie ihren Lektionsaufbau und wie sie mit einem Musikstück umgeht. Dazu kommt eine Sammlung von Impromustern, die als Anregung und Halt dienen, um in freies Bewegen zu kommen.
Den Hauptteil des Buches nehmen die Beschreibungen von Tänzen ein, die vier Themen («Gefangensein und Freiheit», «Der Schatten wird lebendig», «Alles ist in mir», «Miteinander») zugeordnet sind. Da ist das Vorgehen der Autorin ausführlich beschrieben, als Einstimmung werden die passenden Improvisationen aufgeführt, die Songs werden nach Pulsschlägen ausgezählt und dazu der Bewegungsablauf notiert. In diesem Sinne ist es ein anregendes Werkbuch, welches den Weg zu eigenen Gestaltungen weisen kann. *R. Weber, SLZ*

Br., A4, 208 S., 32.—/35.—

Einer kurzen Einführung in die Grundlagen des kreativen Tanzes, der Bewegung und Gestaltung sind in einer übersichtlichen Terminologie über 60 Tanzbeschreibungen angefügt. Einheimische Tanzformen schlagen die Brücke zwischen Volkstänzen aus aller Welt und modernen Popformen. Im ausführlichen methodischen Teil sind wertvolle und in der Praxis erprobte Hinweise für die gruppenweise Erarbeitung der dargestellten Bewegungsformen enthalten. Literaturhinweise und eine Übersichtstabelle erleichtern den Zugang zur Materie und dürften dem engagierten Tanzleiter bald erfreuliche Erfolge bescheren. Die gleichzeitig mit dem Buch erschienene Platte «Tanzchuchi» (zyt 233) hält mit 15 Beispielen vom Alewander über Hava Nagila bis zum Samba Mixer Rhythmen und Klang fest. *Kolorit*

Autoren: Martin Wey, Ernst Weber, Madeleine Mahler, Regula Leupold, Mario Neukomm.

Br., A4, 160 S., 32.—/35.—

Auf rund hundert Seiten bringt das originell gestaltete Werkbuch praktisch erprobte Anleitungen für Einstiegsspiele (Einführungsspiele zu den Jeux Dramatiques) und rund zwanzig protokollarisch geschilderte Ausdrucksspiele mit und ohne Textvorlagen oder zu bestimmten Musikstücken und Klangbildern, denen im Anhang eine ausführliche Liste weiterer geeigneter Spieltexte und Musikvorlagen beigegeben ist. Der mit Szenenfotos reich illustrierte Band ist zur Zeit wohl die beste Einführung in die Technik der Jeux Dramatiques.

Veit Zust, SLZ

Br., A4, 160 S., 35.—/39.—

Band 2 befasst sich mit der Spielpraxis in Kindergarten, Spielgruppen, Schule und Freizeit. Es ergänzt das erste Buch für Ausdrucksspiel aus dem Erleben und richtet sich an alle Lehrkräfte, ErzieherInnen und Eltern, die mit jungen Menschen im Alter von fünf bis zwölf Jahren arbeiten.
Im ersten Teil des Buches sind Grundprinzipien und Aufbaustrukturen so dargestellt, dass sie für alle Altersstufen angewendet und auf alle Spielarten übertragen werden können. In einem weiteren Teil geben Protokolle Einblick in die Spielstunden von Jeux-LeiterInnen. Sie ermutigen die LeserInnen, die Spiele in die eigene Gruppe zu bringen und eigene Ideen zu verwirklichen. Arbeitsblätter geben Hilfe für die Vorbereitung und Durchführung verschiedenster Spielformen. Spielideen und methodische Tips ergänzen diesen praktischen Teil.
Fotos von Ursula Markus zeigen, wie tief und vielfältig das Erleben der Kinder im Ausdrucksspiel sein kann.

Zytglogge Werkbücher

Werken

Br., A4, 160 S., 35.—/39.—

Jahrzehntelang dominierte das Prinzip «Vormachen – Nachmachen» den Handarbeits- und Werkunterricht. Der neue Lehrplan setzt andere Akzente: Schülerinnen und Schüler werden vor eine Aufgabe gestellt. Die fertige Lösung liegt nicht vor. Dafür werden eigene Ideen, die der Bewältigung der Aufgabe dienen, entwickelt. Zur gedanklichen Auseinandersetzung gehören die Wahl des geeigneten Materials, der benötigten Werkzeuge und das Festlegen des Arbeitsweges. Natürlich soll auch das Handwerk erlernt werden. Die vorgesehene Lösung soll nicht nur wirtschaftlich und ökologisch sinnvoll, sondern auch konstruktiv richtig sein, ästhetischen Bedürfnissen genügen und, wo möglich, einen Beitrag zur Überwindung überlieferter, geschlechtsspezifischer Rollenverteilungen leisten.

Aus dem Inhalt

1. Klasse: Drahtgitterbild/Rhythmusinstrument
2. Klasse: Hampelfigur/Hut
3. Klasse: Windfahne/Verpackung
4. Klasse: Wasserrad/Hausschuh
5. Klasse: Topfhandschuh/Landschaftsrelief/Schiffsbau/Etui für Schulmaterial
6. Klasse: Frisbee/Hocker/Bilderrahmen/Flugzeugbau
7. Klasse: Kopfbedeckung/Gürtel/Nutzfahrzeug/Fotoständer
8. Klasse: Grillset/Hose aus Tricot/Sacknadel/Schmuck
9. Klasse: Lampe/Elektrischer Schalter/Keramik giessen/T-Shirt

SLZ

Br., A4, 176 S., 35.—/39.—

Hut ab vor dieser 2. Dokumentation zum Thema Handarbeiten/Werken.
Der textile Teil befasst sich mit verschiedenen Arten der Kopfbedeckung, der nichttextile Bereich mit dem Licht als optische Erscheinung. Der heute immer dringendere Erfordernisse nach einer Gesamtschau ökologischer Zusammenhänge, nach vernetztem Denken und nach ganzheitlicher Betrachtungsweise nimmt sich das Buch in vorbildlicher Art und Weise an: Da werden geschichtliche Entwicklungen aufgedeckt, heimatkundliche Bezüge hergestellt, industrielle Produktionen dargestellt, physikalische Phänomene erklärt. Kurz, mit aller Deutlichkeit erhalten die Leserinnen und Leser dieses Buches eine Vorstellung, wie faszinierend die Beschäftigung mit Handarbeiten/Werken mit seinen Problemstellungen und Querbezügen sein kann, sofern, und das ist zentral, der Leser und die Leserin zu Tätern werden. Denn es gilt, eine neue Generation von Kindern heranzubilden, die in der Lage sein wird, aus eigener Verantwortung, durch eigenes Denken und Tun und in Zusammenarbeit mit andern eine ständig wachsende Zahl von Problemen, mit denen uns der Fortschritt «beschenkt», zu befriedigenden Lösungen zu führen. *H. R. Lanker*

Malen

Br., A4, 168 S., 29.—/32.—

Was in dem Buch beschrieben wird, ist faszinierend, motivierend und verlockend zugleich.
Der Leser wird gehalten, das Malen und die Malergebnisse als Prozess zu akzeptieren und nicht deutelnd oder unter entwicklungspsychologischen Gesichtspunkten einordnend zu betrachten. Der Praktiker erhält viele gute Anregungen, wird aber auch hingewiesen auf die Schwierigkeiten, die bei der Einrichtung eines Malraumes auftreten können.
Der logische Aufbau, die eindrücklichen Texte, die gut verständliche Sprache sind von einer Autorin, die aus langjähriger praktischer Erfahrung genau weiss, worüber sie spricht, was sie dem Leser vermitteln will.
Bettina Egger-Honegger hat als Grafikerin unter anderem eine zusätzliche Ausbildung für Malatelierleiter bei Arno Stern erfahren. Seit 1965 leitet sie ein eigenes Malatelier.
Mit ihrem Buch will sie keine Anleitung zum Aufbau eines Malateliers vermitteln oder konkrete Anweisungen zur direkten Übertragung ihrer Erfahrungen auf andere Bereiche geben. Vielmehr ist es Bereitschaft, Sensibilisierung für bestimmte Vorgänge und Situationen zu wecken.

Br., A4, 136 S., 29.—/32.—

Malen als Lernhilfe ist der zweite Band über Fragen des Malens und bildnerischen Ausdrucks von Bettina Egger.
Die Autorin gibt eine Fülle von Anregungen und Anleitungen für leicht ausführbare Techniken des bildnerischen Gestaltens mit verschiedensten Materialien zur Arbeit mit Kindern der Vorschul-, Kindergarten- und Primarschulunterstufe, besonders aber auch für die Arbeit mit geistig und körperlich behinderten Kindern.
Wiederum ein faszinierendes Buch, das nicht nur Erziehern, sondern ebenso Eltern empfohlen werden kann und eine eigentliche Pädagogik des Malens darstellt.

Empfohlene Bücher

Br., A4, 168 S., 29.—/32.—

Wer sich vor Kinderzeichnungen immer ein bisschen ratlos-geniert fühlt, weil diese Kritzeleien doch eigentlich gar nichts darstellen, nehme zwecks gegenteiliger Information Bettina Eggers Buch «Bilder verstehen» zur Hand.
Da wird nichts verkompliziert, sondern in allgemein verständlichen Sätzen Grundlegendes für den Kontakt mit malenden Kindern oder Erwachsenen vermittelt.
Zeichnen und Malen sind eine Ausdrucksform für den momentanen psychisch-physischen Zustand wie auch Erinnerung an die Vergangenheit. Die verschiedenen Urformen der Entwicklungsphasen des Kindes werden dabei nach Margret Mahlers Theorie von Loslösung und Individuation vorgestellt.
Bettina Egger zeigt diese Urformen an Bildbeispielen von zeitgenössischen Künstlern, anhand der figurativen Phasen von Kindern und in Ausdrucksbildern von Erwachsenen auf. Daraus ergibt sich ein lebendig illustriertes und eindrucksvolles Panorama, für viele gewiss auch eine neue Art von Betrachtung. *Zürichsee-Zeitung*

Basteln

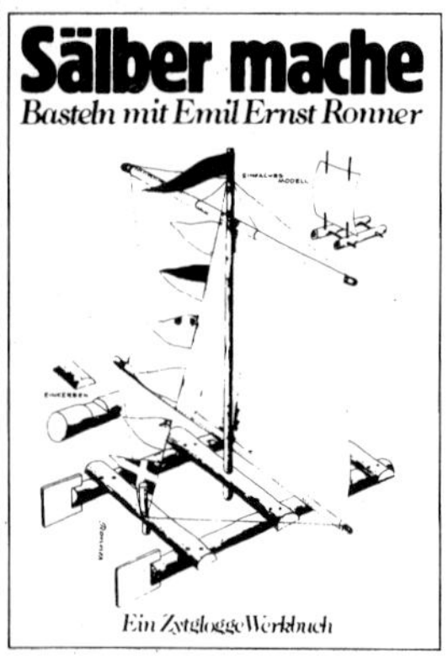

Br., A4, 128 S., 34.—/36.—

Ein grossformatiges, bunt illustriertes Buch, mit Hunderten der schönsten Arbeiten, damit die ganze Familie nach den leicht verständlichen Anleitungen kleben, sägen, nageln, ausschneiden usw. kann.
Eltern, Lehrer und Kinder werden begeistert sein, mit diesem ‹Leitfaden› Geduldsspiele, ein Wetterhäuschen, ein Puppenhaus aus einer Schachtel oder ein Segelfloss aus Korkzapfen zu basteln. Oder hat jemand Lust auf ein sich lustig drehendes ‹Rösslispiel›, einen Bauernhof mit vielen Tieren aus Astholz, eine Vogelpfeife, bunte Sommervögel oder ein Osterbäumchen? Das sind nur einige wenige Beispiele aus der Fülle von Bastelvorschlägen rund ums Jahr, damit nie wieder Langeweile aufkommen kann. *L. H., Coop-Zeitung*

Br., A4, 152 S., 28.—/29.80

Ein dickes Ideenbündel kam zusammen, das inzwischen im Unterricht erprobt und ergänzt wurde und in diesem Buch zusammengefaßt allen, die in Kindergarten, Schule und zu Hause mit Kindern zu tun haben, Lust machen wird, Ähnliches zu versuchen. Reichlich Fotos, großzügige Zeichnungen, wenig Text – ein kreatives Werkbuch und benutzerfreundlich obendrein. Die konkreten Themen, um nur einige Stichworte zu nennen: Spukkabinett, Tastkasten, Bäckerfreuden, Lieblingsessen, Marionetten aus Schwemmholz, Hexenhäuser und Fahrzeuge aus Kartons, Pappmaschee-Hüte, große Tiere, WC-Rollen-Happening, Laternen, Masken, Irrgärten, Krachmaschinen usw.

Spielen und Lernen

Br., A4, 168 S., 28.—/29.80

Es geht nicht nur um Impulse für Zeichenunterricht. Probleme werden projektartig von verschiedenen Seiten angepackt. So findet man etwa zum «Schuh» geschichtliche Informationen. Ideen für Spiele, Theater, Tanz, für die Sprache und das Werken, Beispiele als Anregung zur Kunstbetrachtung usw. Durch die Lektüre wird man nicht gegängelt zum Kopieren, vielmehr bekommt man Mut und Gluscht, Neues und auch Unkonventionelles zu wagen. Dem Praktiker wird der Gebrauch des Buches durch Signete erleichtert, die die Stufenbezogenheit der Themen bezeichnen. Im Anhang sind übersichtlich technische Angaben für besondere Arbeitsvorgänge zusammengestellt. Beispiele von Arbeitsreihen und ein Literaturverzeichnis runden das sympathische, einfach aufgemachte Werk ab. *fre SLZ*

Br., A4, 156 S., 32.—/34.—

Die handschriftlichen Texte, die aus dem Moment hingeworfenen Skizzen und die fotokopierten Schülerarbeiten sind so viele Anregungen zum Thema Menschenzeichnen wie Menschen eben in ihrer Einzigartigkeit sind! Interessierte Lehrer, Spielgruppenleiter etc. finden darin eine Fülle von Ideen, die von erster spielerischer Erfahrung über Arbeitsbeispiele bis zu zeichnerischer und plastischer Gestaltung der menschlichen Figuren, Bewegungen, Gesichter, Hände und Füsse reichen.

Neue Kinder- & Jugendbücher

Zeichnen

Br., A4, 152 S., 32.—/34.—

Das vorliegende Werkbuch befasst sich mit Menschen in Gruppen, im Spiel, in der Selbstdarstellung, in Textillustrationen sowie Magischem mit und um Menschen. Der Untertitel «Notizen zum Menschenzeichnen» untertreibt stark, denn hier wird das Fach Zeichnen umfassend dargestellt und nicht nur auf die zwei Lektionen im Stundenplan reduziert.
Zuerst werden Einstiegsmöglichkeiten zum Thema dargestellt: Bildbetrachtungen, Spielformen, sprachliche Einstiege. Alles Möglichkeiten, die sich auch in andern Fächern bewähren können, kurz: überall dort, wo sich Menschen mit dem Thema «Mensch in der Gruppe» befassen.
Es folgen Arbeitsvorschläge: Schattenrisse, Arbeiten mit Ton, Linolschnitt, Maskenbau, Puppenbau, Schattenspielfiguren, Spielaktionen an Schulanlässen, in den Pausen usw.

Den AutorInnen, alles Mitglieder der Projektgruppe Zeichnen der Zentralstelle für Lehrerfortbildung Bern, ist mit diesem Buch gelungen, eine Unterrichtshilfe herzustellen, die von der ersten bis zur neunten Klasse gebraucht werden kann.

S. Gfeller-Münger

Zytglogge Werkbücher